FIND THE NEXT SOAR STOCKS

找出飆股
穩｜穩｜賺

股票莊爸 —— 著

◆ 臺大工程師的 K 線交易筆記 ◆

從線圖找出「飛龍訊號」

看穿主力動向
找出下一支大漲股

看對飆股長相，
這樣買就能穩穩賺！

　　股票莊爸在本書中，詳細解析兩種有大漲潛力的線圖型態，包括飆股長相與進出場時機，讀者只要找到符合型態的股票走勢，就可以準備進場。在起漲前買在相對低點，並遵循 SOP 穩穩抱住，紀律操作，資金成長超有感。除此之外，他還在書中公開一種隔日沖買賣技巧，三天內就完成一次買賣，便於投資人速戰速決，訓練買賣的紀律。

1. 三角收斂突破後起漲（飛龍型態）

長相：把 K 棒走勢的高點與高點相連，低點與低點相連，形成兩條趨勢線。隨著高點不再上推，或是低點沒有往下續推，兩條趨勢線會逐漸靠近、收斂、交會，如同三角形的角。這代表多空雙方尚未分出勝負，市場正在累積能量，如果多方比較強，走勢就會突破上緣趨勢線並上漲，這時就是進場時機。

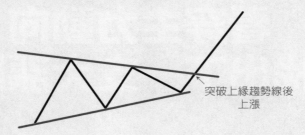

突破上緣趨勢線後
上漲

進場時機：首日漲 5% 以上，在確認突破那天收盤進場，或是隔天開盤進場。

出場時機： ❶從突破 K 收盤價算起，獲利達 30%，就可以準備出場。

❷跌破前一日低點，或者股價未創高。

❸盤中跌破 6% 且破前低。

注意事項：股票下跌 3% ～ 5%，就要判斷是否停損。

詳細操作技巧，請見第 3 章。

2. 長期低檔盤整後再起漲（穿山惡龍型態）

長相：股價長期沒有什麼明顯起伏，在低檔盤整一段時間後，突然出現上漲，接著又下跌，看似後繼無力的股票。這種股票，第一波要先上漲至少 30% 後跌破 20 日線（破惡），接著後續又站回 20 日線（穿惡）。

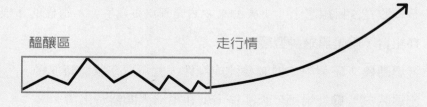

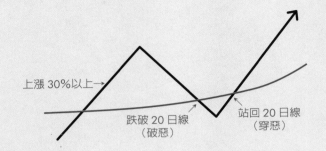

上漲 30%以上→

跌破 20 日線
（破惡）

站回 20 日線
（穿惡）

進場時機：❶跌破 20 日線後在三天內站回，表示力道比較強，即可買進。

❷跌破 20 日線後一段時間才站回，可先觀察一兩週，確認站穩再買進。

出場時機：跌破 20 日線，就全部出清。

注意事項：在出場後，如果又站回 20 日線，代表還有上漲空間，仍可以考慮再進場。

詳細操作技巧，請見第 4 章。

3. 創高價後又出黑 K 拉回 5 日線，後勢再上漲（黑飛舞型態）

長相：三角收斂後上漲，在漲勢中出現一根黑 K 棒，這根黑 K 棒的最高價有超過前一日的最高價，收盤卻是下跌，但未跌破前一日的最低價（黑飛龍）。下一根 K 棒（黑 K 或紅 K 都可以）未創高，但基本收在 5 日線之上（小破 2.5% 以內還可以再觀察），這樣的 2 根 K 棒組合，就是黑飛舞型態。

進場時機：確認第二根 K 棒達成條件，就可以在收盤時進場。

出場時機：❶進場第二天漲停，就在第三天開盤時出清。

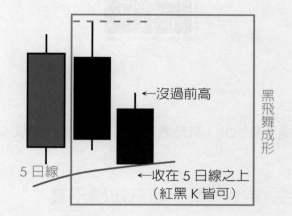

←沒過前高

黑飛舞成形

5 日線

←收在 5 日線之上
（紅黑 K 皆可）

❷進場第二天如果最高價漲到 5% 以上，則在收盤時先賣一半，第三天開盤時賣另一半。

❸進場第二天最高價若沒有漲到 5%，需在收盤時全部賣掉。

注意事項：可以搭配三角收斂突破後起漲（飛龍型態），當成是加碼買進的時機。

詳細操作技巧，請見第 5 章。

目次

遵循交易 SOP，
執行最穩健的人生投資

群益證券總經理　李文柱

根據證交所統計，截至 2024 年 9 月，台股投資人開戶數達到 1,309.9 萬人，持續攀升中，與上一月份相比，年齡層 20 ～ 30 歲的投資人增加最多，有 1.91 萬人，次之為 0 ～ 19 歲，多了 1.16 萬人。

在過去，大家可能會認為自己離投資很遙遠，但現在，股票這個話題不只出現在菜市場，也出現在同學間的閒聊之中，這讓投資幾乎成了臺灣的全民運動，講到護國神山先想到台積電（2330）的人越來越多。

為何股市會如此熱絡？回首 2020 年，全球經濟因肺炎疫情遭受重挫，台股加權指數更在 3 月跌破萬點，網路上不斷有股民畢業，當時誰也不會想到，未來大盤會衝過 20,000 點。

後來台股行情不斷回溫，直到 2022 年，因遭遇聯準會啟動升息、俄烏戰爭等原因，加權指數又一次下跌，一路跌到 10/25 低點才止住。接下來，台股就逐步回穩上升，即使有深度回測，但對比 2020 年和 2022 年的跌幅，可說是小巫見大巫。

在這樣的背景之下，越來越多新手投入股市，本文開頭引用的數據也顯示，其中有很大一部分是 30 歲以下的年輕人。

這麼早接觸投資，其實並不是件壞事，瀏覽網路上一些討論串，談及「希望早點學會的事」，許多網友的回答都是「理財投資」，我也樂見年輕人及早擁有理財意識。

對於進場執行股票投資這件事，要說年輕人最擔心的，莫過於資金不多，但只要改買零股，便能解決這個問題。隨著金管會於 2020 年推動盤中零股交易制度，買賣零股變得更加容易，股票投資的門檻自然降低，即使是小資族也能參與到市場行情。

有別於老手已經掌握一套投資策略，新手可能連 K 棒怎麼判讀都不懂，也不知道技術指標的意涵，更遑論擁有一套交易方法。因此，當我閱讀到莊爸的著作，不由得替新手們感到欣喜，拜莊爸的工程師性格所賜，不論隔日沖抑或波段操作，書中皆有一套對應 SOP，什麼時候該做什麼事都清清楚楚，讀者只需像是電腦接收指令，然後徹底執行即可。

遵行 SOP，其實就是一種模仿，這是最好的學習方式，同時是創新的第一步。為什麼說是最好的學習方式？因為莊爸提供的 SOP，已經經過他反覆驗證，並且排除掉許多失敗重試的道路，幫讀者省下不少研究的時間。

等新手熟練到一定程度、慢慢邁入老手階段，往往會對操作產生一些個人想法，此時就可以在原始 SOP 的架構上進行調整，這就是所謂的創新，莊爸亦在書中不斷強調，投資人應該找到自己專屬的一套

方法，才能避免被主力坑殺。

　　本書不只對新手友善，書末的問答更提出不少連老手也會遇到的問題，因此不管讀者們是小白也好、老鳥也罷，本書都能帶來啟發。最後，祝福大家順利掌握飛龍飆股，在股市中獲利滿滿，達到財富自由。

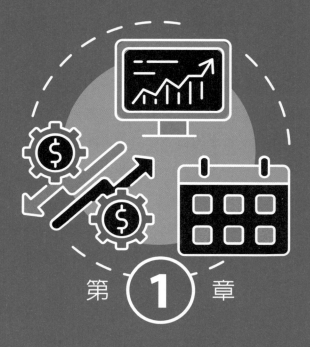

第 ① 章

從失業小韭菜，
到五年賺千萬

原本的我，不過是個普通的上班族，2008 年從臺大光電所畢業後，就進入南科擔任工程師。

　　我每天的工時很長，薪資卻沒有想像中多，為了給自己「加薪」，我和同事時不時會討論股票。由於家裡完全沒人會投資股票，因此當時的我對這項金融商品幾乎沒概念，只覺得能夠以小博大、用小錢賺大錢，同事說哪支就買哪支，又因為不敢抱太久，只要有風吹草動就想賣掉，所以幾乎都是小賺小賠收場。

　　之後，我看公司提供員工配股、認股，想到公司股價上漲，自己也能賺到不少，便趁著公司股價還在十幾元時陸續買進、加碼，而且不只把個人積蓄都 all in 了，還向親友集資一併投入。

　　一開始，公司股價的確上漲了，公司內部更有消息指出，價格至少會飆到超過 45 元。看著股價來到 40 元，我更確信了公司內部的消息。

　　「反正會漲到 45 元，我到時候再賣，不就可以賺更多嗎？」我如此打定主意。此時，我手上已經持有一百多張公司股票，未實現損益來到三百多萬元。

　　後來股價有沒有漲到 45 元呢？

　　可惜沒有。股價在 40 元左右就達到高點，後續一路跌破 10 元，我賠了大約 150 萬，還因為公司業績一落千丈的關係而失業，可說是血本無歸。

　　但轉念一想，相較於其他管理高層，或是被看重的同事，因為得到比較多的股份，連帶地也賠得比較多，「幸好」我只是個基層員工，才沒賠得更多……

1-1 一千多檔個股，我如數家珍

　　花了三個月找到新工作後，我不斷反思，要是當時自己懂得賣股的智慧，甚至分批出場，結果就不會這麼慘了。但後悔也沒用，為了不再重蹈覆轍，我決定在認真工作之餘，開始研究技術分析。

　　一開始，我媽媽對此不太諒解，覺得股票市場風險大，都是靠投機在賺錢，加上有家人喜歡賭博，她對於投資股票的印象就更差了，總是要我好好工作就好，把薪水存起來比較實在。

　　但或許是個性的關係，這次投資失利，不至於讓我一蹶不振，因為這對我來說就像在解決 bug，或是遊戲打王通關一樣。策略有問題？那就回頭研究，重新擬定方法。

　　於是我開始收看電視上的財經節目，也會閱讀投資理財相關的書籍，例如飆股總司令——劉建忠的著作，就啟發了我設定保護傘的算法。

　　還記得財經節目中，主持人或來賓會提到幾檔飆股，但不揭露股名，只給線圖和股價範圍。有些觀眾可能看過就算了，不過我選擇土法煉鋼，自己從一千多檔股票裡頭慢慢比對，直到找到長得一樣的為止，隔天開盤再買進。

　　這樣的方式，雖然偶爾會獲利，但更多時候卻是買在高點，即使這些由財經節目選出的股票在當天漲停，隔天卻仍然有機會跌停，讓我不得不認賠出場、小虧幾萬塊。經歷了幾次這樣的結果，我發現一

味依靠別人嘴裡的明牌是沒用的，不如自己去摸索規律，便放棄了看電視選股操作。

此外，我也試著將書中教學融入操作，儘管每次都覺得自己找到聖杯（必勝的投資法門）了，但實際操作過後，又感覺跟書上理論不太一樣，實務上總是慢半拍，例如追突破總是追在比較高的位置，沒什麼價格優勢。

和跟著節目選股操作一樣，幾次之後，我不禁反思：「有沒有辦法進在勝率高、價格又不會太高的地方？」於是我改從漲停排行去找強勢股，嘗試自己慢慢累積口袋名單。

那時候，我每天都大概八、九點下班，吃飯洗澡、休息一下之後，就是我「寫作業」的時間——挑出大概 30 ～ 50 檔觀察股，接著逐一將成交量少的、已經連漲兩三根的、均線排列並非往上的都過濾掉，把型態不錯的留下來，一天大概可以過濾到剩下 5 ～ 10 檔，隔天就可以考慮切入。

前面這個階段，我都是手寫股票代號，整理好後再分類到電腦自選清單，並利用 Excel 統整族群與相關類股的連動性，找出每個階段的領頭羊，成功掌握到當下最強勢的族群以及帶頭股。

起初還不熟悉，需要花一至兩個小時整理歸納，經常弄到凌晨一點多才睡，隔天七點多準時起床準備上班。就連待在公司的時間，我偶爾也會拿出手機偷看股票，同事、老闆都知道我在研究投資，幸好老闆人不錯，看我工作盡責、遇到問題也能立刻回答，索性睜一隻眼閉一隻眼。

▲每日手寫稿。

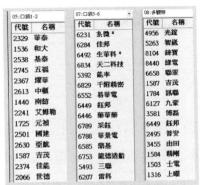
▲口袋名單。

好幾年下來，熟悉了整個流程，我一天只需要花 10 ～ 20 分鐘，就能快速整理出近期強勢以及即將噴出的個股清單，再搭配自行開發的選股系統，往往能掌握到市場中八成會漲停的股票。

由於大量手寫，加上反覆觀看個股與實戰操作，對於台股一千多檔上市上櫃股，不敢說全部，但幾乎八成只要提到股票名稱，我都可以秒回股票代號。

前半年，我並未快速賺回鉅額獲利，反倒經常小賺小賠就想跑，買不到一週就賣掉。雖說最長抱過一個月，但也是因為漲很兇、價格快速脫離成本，才想說抱看看，這樣的機會可遇不可求。

然而，急著賣出的問題，反倒讓我避免了許多投資人都會犯的錯——「拗單」，亦即跌破停損點卻不出場，一心認為會回漲，或乾脆當作沒虧損產生。這也算另類的因禍得福吧。

大概研究半年之後，我才開始會看技術指標進出，試著建立更有系統、能夠大賺小賠的操作策略。

1-2 建立 SOP，五年獲利千萬

　　經歷過大賠，有些人會選擇離開股市這個傷心地。例如金融海嘯過後，很多人再也不敢投資，但換個角度，能夠讓人在一夕之間破產，不就意味著，若把握住行情，也能快速致富？這樣轉念，讓我更堅定想練好操作，在股市穩健獲利。

　　我足足花費了五年學習、磨練，進出股票超過百檔，儘管曾經大賠，但透過研究、逐漸掌握交易要點之後，我的心態更加成熟，自然不影響操作。做投資就是要理性去做，才可以少走一點冤枉路。這段時間累積的經驗談，我歸納出 25 題常見問答，放在第 7 章，不只給新手，遇到瓶頸的老手或許也能有所啟發。

　　操作初期，我把重點放在累積經驗，而非一舉賺回鉅額獲利；不過也不是單純地一直買進賣出，獲利了就開心、虧損就摸摸鼻子而已，真正重要的是檢討——把每一次交易的價位、過程及想法，詳細記錄下來，並且不斷修正，藉由數據統計、分析，建立一套制式化的 SOP。

　　所有 SOP，大致就是「尋找問題→找出影響要素→調整、訂定做法→用歷史 K 棒驗證效果」，重複再重複。大至整個操作系統，小至系統化的參數，都在 SOP 進化的範疇。

　　舉例來說，第 2、3 章就會介紹到的三角收斂，始於這些問題：看漲停排行追第二根後，容易開高走低，進場位置不太安全，要怎麼解

跳躍飛龍

天量：成交量 > 5 日均量 × 5

1. 年線上下整理 9 個月以上，噴出前離年線近
2. 大三角收斂或者下降三角收斂
3. 跳躍飛龍缺口需 >3%，且起漲五天內需見 6% 雙缺口
   （其中一根量不能是天量）

4. 停損則以雙缺口只要一缺口被回補則出場
5. 因利多的量縮跳空一價鎖死不考慮，通常天量就易見高點
6. 雙跳躍通常不會一價鎖死，易留下影或者小實體紅
7. 起漲前無穿惡圖騰

低檔一價到底是中繼
高點一價到底是結束 EX：宇加、實威

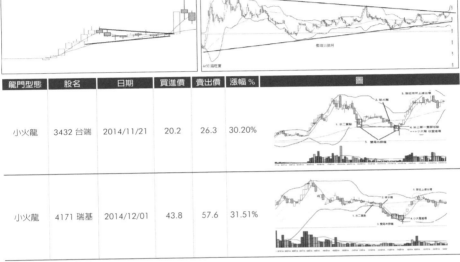

龍門型態	股名	日期	買進價	賣出價	漲幅 %	圖
小火龍	3432 台端	2014/11/21	20.2	26.3	30.20%	
小火龍	4171 瑞基	2014/12/01	43.8	57.6	31.51%	

▲ 過去的研究成果。

決？有沒有可能更早察覺，在漲停前、快噴出去的時候就找到這些股票？隨後我就開始研究那些漲很多的股票，有什麼共同面貌。

既然要研究，怎麼可以少了土法煉鋼的精神？我最常利用 Excel 或 PPT，把觀察到的個股型態與特點整理出來，佐證自己的想法。最後，我發現很多飆股在噴出去之前，價格會先進入整理，不會有太大的波動，一旦波段高低點越來越接近，形成三角收斂，突破後經常會拉出去一段，就可以抱久一點。

第 5 章介紹的黑飛舞策略，則是始於這些問題：為什麼有時突破後，又立刻出黑 K 回吞？這樣要接回來嗎？是轉跌，還是單純甩轎？

經由觀察，我發現突然出現的黑 K，雖恍如黑色巨龍從天而降，看似主力出貨痕跡，但只要符合特定條件（我先不劇透），從容不迫地入場，就有機會看到股價噴出，好似飛龍再次翱翔。黑飛舞策略於是產生，歷史回測也支持這套邏輯。

同時，我發現一樣的方法和條件，有時很好做，有時卻不好做。明明 SOP 都一樣，為什麼結果不同？只是單純運氣問題嗎？

分析驗證後，我發覺這與環境背景有關，飆股在多頭時的表現，不可能和空頭時一模一樣，這在第 6 章的資金保護傘會詳細說明。**股市本身是有起伏的，會有一個階段很好做，一個階段不好做，這很正常。當我們運用同一套 SOP 不斷去做，自然有賺有賠，那麼操作目標就要放在賺的時候賺多一點，賠的時候賠少一點。**

又例如第 5 章介紹的穿山惡龍，和三角收斂一樣會參考 20 日線。那為什麼是 20 日線？5 日線、10 日線不行嗎？差一點點的 22 日線可不可以？

老實說，我很難去解釋其中原理（可能主力才能回答吧），只是每天盯著眾多線圖，我察覺到它有這樣的慣性，歷史回測也證明這個參數有效，便把它納入我的 SOP 了。由此可知，經驗也是修正的重要參考依據。

待 SOP 建立起來，務必按紀律操作，千萬不要因為一時小虧而不斷改動策略；我們要做的，應該是藉由歷史回測，確認策略能夠大賺小賠後，就機械化地不斷執行。我自己也是靠著系統化操作，才能五年累積千萬獲利。

1-3 找到專屬於自己的獲利方程式

發明家特斯拉（Nikola Tesla）在自傳中提到，他只要聽到一個物品的名字，便能設想出其細節。他之於物品，就像我之於股票，經由每天反覆接觸，我已將多數強勢股的歷史走勢以及未來可能的發展，刻劃在腦海中，形成固定公式。

我對股票的熱愛顯然超出日常生活，加上原本研發工程師的背景，以及對於數據分析的要求，進而淬鍊出許多公式化 SOP，讓投資股票不再是紙上談兵。

即使只是簡單的策略，也能讓投資新手學會並獲利，是我在這條投資教學路上的使命，只要見證學生成長就備感欣慰。我媽媽看到我踏上教學路，也慢慢扭轉舊觀念，明白了股票的確能夠賺錢，甚至可以教大家賺錢，進而不再牴觸，或是將股票和賭博畫上等號。

而面對股票的不同走勢，SOP 不會只有一種。我在本書介紹的幾種進出方法，皆有一定勝率，但投資人不見得每一種都要用到，選擇適合自己的操作邏輯，盡量讓獲利擴大、讓虧損減少，才能事半功倍、穩健獲利。

除去高勝率的操作模式，懂得資金控管、適時停損停利，才能在股市立於不敗之地。要是過於貪心，反倒可能像最初的我一樣，明明本來是賺的，卻眼睜睜看著獲利減少、以虧損作收。

無論是什麼投資，人性往往在「貪婪」的時候，忘記了曾經的教訓。「資金控管」說穿了也沒什麼，可是它能讓人們在不該貪婪的時候收手，該貪婪的時候加碼。

　　我們在追求獲利的同時，一定要保護住我們的資金，就算是再簡單的邏輯，沒有把它化成一道具體的訊號，每天每天不斷地提醒我們，有一天我們仍會再次被貪婪所吞沒。

　　最後，學習就是一條反覆練習的路，改進更是這條路上的重要課題。回顧十多年來的每日手寫稿，不知不覺也累積了數十本，滿滿的數字密碼中，勾勒出聖杯的樣貌，以及個股最高機率的走向規劃等等。

　　即使現在已成為老師，我還是維持一樣的習慣，日常記錄個股，並將大賺小賠的獲利方程式，不斷進化至最佳狀態。我在書中教的，都是最原始的邏輯，期待大家在調整操作的過程中，設定出專屬於自己的 SOP，降低聖杯被主力察覺的機率。

▲累積了數十本的手寫稿，還在持續增加中……

虧損並不可怕，
可怕的是沒有面對且檢討的勇氣！
我虧故我思，我思故我在，
如果我成功，比起運氣好所得來的獲利，
我更感謝曾經有過的虧損。

第 ② 章

我眼中的
飆股長相

市場上，大多散戶喜歡追逐飆股，希望在短時間內就賺到大價差，我也不例外。

在沒有特別策略的狀況下，大多數人都會選擇追高，若後續如願噴出，當然能夠賺到一段，但如果沒有呢？不懂得停損的人，就很容易被套牢。因此操作飆股的獲利關鍵，顯然在於選出續航力佳的飆股。

什麼樣的股票會噴出呢？撇除內線消息，身為小散戶的我們，在線圖上能看出什麼端倪？

在這一章節，我們先介紹一種飆股的長相，這種股票原本並沒有明顯漲勢，但在滿足特定條件以後，卻有機會大幅上漲，若能掌握到起漲點並及時買進，就能賺到一筆可觀的價差。

我個人最喜歡、也是「股票莊爸」開始被注意到的契機，就是「三角收斂」型態。

何謂三角收斂？三角在哪裡？又要怎麼收斂？首先要觀察 K 棒的趨勢。K 棒走勢是會有轉折的，有時上漲了再轉下去，下跌了再轉上來，就像一座山會有山頂和山谷，連綿青山會有好幾個山頂和山谷一樣。

當我們把 K 棒走勢的高點與高點相連，低點與低點相連，會形成兩條趨勢線。隨著高點不再上推，或是低點沒有往下續推，兩條趨勢線會逐漸靠近、收斂、交會，如同三角形的角。

三角收斂有對稱、上升和下降三角（見圖表 2-1），**我主要觀察對稱三角**。三角收斂會出現在盤整區間，為中繼型態，代表多空雙方尚未分出勝負，市場正在累積能量，直到一方勝出，就會突破收斂的價格區間。如果多方比較強，走勢就會突破上緣趨勢線，我們只要趁這個時機順勢進場就好。

| 對稱三角 | 上升三角 | 下降三角 |

圖表 2-1　三角收斂包含對稱、上升、下降三角

　　不過在這一章，我們先不細講操作，將重點放在感受三角收斂的走法，看看下列幾個例子。

❶ 光聖 **6442**

　　2024/4/25 選出三角收斂型態（見圖表 2-2），隨後在 5/2 突破上緣，

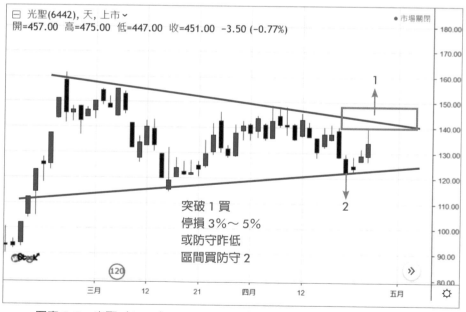

圖表 2-2　光聖（6442）2024/4/25 三角收斂（節錄自股票莊爸訂閱教學）

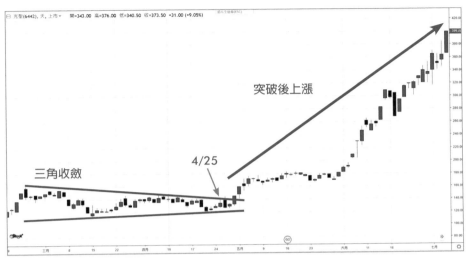

圖表 2-3　光聖（6442）三角收斂後突破

接著盤整了幾週，但未達出場條件就抱著，盤整結束便一路上漲（見圖表 2-3）。

❷ 晶彩科 3535

2024/5/7 選出比較大的三角收斂型態（見圖表 2-4），之後在 5/15 突破上緣走漲，經歷過一小段回測又繼續往上走（見圖表 2-5）。

❸ 佳必琪 6197

2024/5/15 選出三角收斂型態（見圖表 2-6），5/22 便突破上緣，隔天開盤直接跳空來到上緣之上，雖然收黑但上緣有支撐，後續慢慢墊高（見圖表 2-7）。

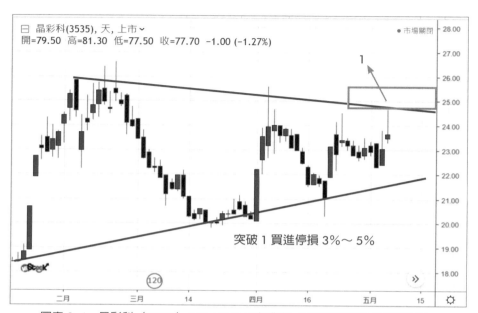

圖表 2-4　晶彩科（3535）2024/5/7 三角收斂（節錄自股票莊爸訂閱教學）

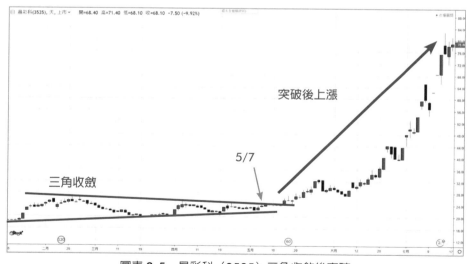

圖表 2-5　晶彩科（3535）三角收斂後突破

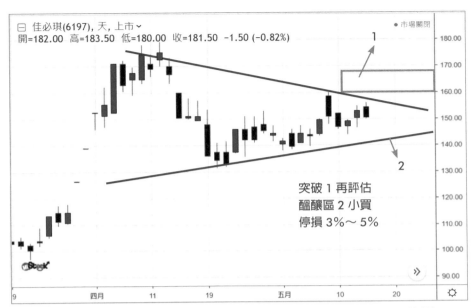

圖表 2-6　佳必琪（6197）2024/5/15 三角收斂（節錄自股票莊爸訂閱教學）

圖表 2-7　佳必琪（6197）三角收斂後突破

❹ 台表科 6278

　　2024/5/29選出三角收斂型態（見圖表2-8），後面又再收斂了一段，角度越來越小，直至 6/13 收盤突破上緣，等待一段時間的整理，就出長紅噴出（見圖表 2-9）。

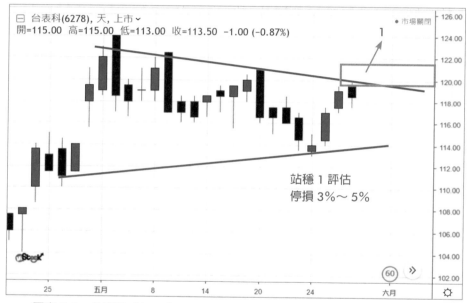

圖表 2-8　台表科（6278）2024/5/29 三角收斂（節錄自股票莊爸訂閱教學）

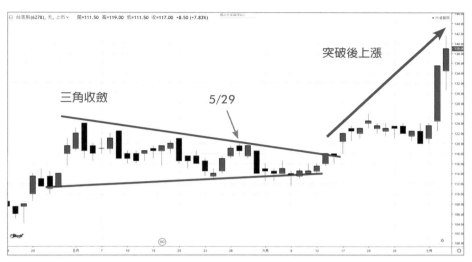

圖表 2-9　台表科（6278）三角收斂後突破

❺ 帝寶 6605

2024/6/7 選出三角收斂型態（見圖表 2-10），6/12 便出長紅突破
上緣上漲（見圖表 2-11）。

❻ 擎亞 8096

2024/6/12 選出三角收斂型態（見圖表 2-12），6/17 就長紅突破上
緣，當天更是達到漲停（見圖表 2-13）。

圖表 2-10　帝寶（6605）2024/6/7 三角收斂（節錄自股票莊爸訂閱教學）

圖表 2-11　帝寶（6605）三角收斂後突破

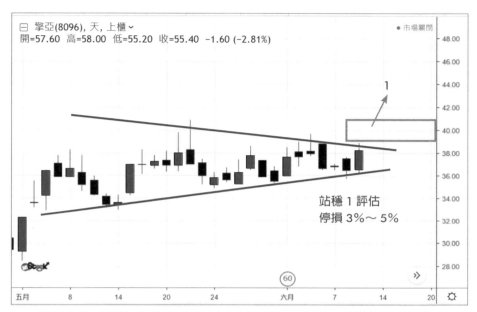

圖表 2-12　擎亞（8096）2024/6/12 三角收斂（節錄自股票莊爸訂閱教學）

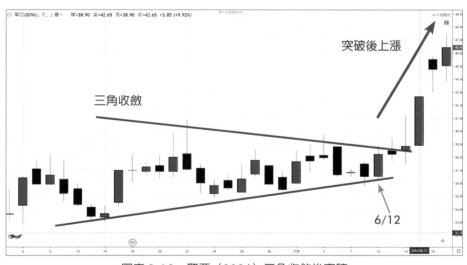

圖表 2-13　擎亞（8096）三角收斂後突破

當然，三角收斂突破的例子不少，例如所羅門（2359）、雷科（6207）、弘憶股（3312）、辛耘（3583）（見圖表 2-14）。藉由本章幾張線圖，大家應該能夠大致理解我眼中的飆股長相，而下一章就會進入三角收斂的操作面，說明到底該如何判斷進出。

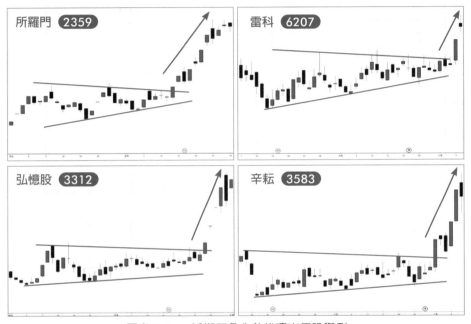

圖表 2-14　近期三角收斂後噴出個股舉例

尋找屬於自己的策略，
往往比追隨他人的戰法來得真實許多。

第 **3** 章

鎖定飆股候選後，
我這樣找買賣點

3-1 當漲跌幅逐漸縮小，代表股價即將噴出

前一章說明了三角收斂的型態，基本上就是由高點相連及低點相連的兩條軌道線構成，有可能向上突破，如圖表 3-1、3-2 所示。

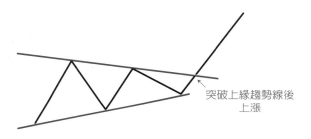

圖表 3-1　三角收斂示意圖

圖表 3-2　三角收斂範例：光聖（6442）

但仔細觀察線圖，會發現在畫軌道線時，不見得完全按照高低點去畫，這是因為每天的籌碼狀況都不一樣，有時會出現長影線，影響到畫出的軌道線角度，反而偏離平均趨勢。

換個角度思考，如果每次的走勢都可以百分百按照高低點去畫，對散戶來說，操作不就更簡單了嗎？可是主力會這麼好說話嗎？顯然不會。

因此，**畫三角收斂時應該多點彈性，大原則是「差不多」即可**，不要差太多都可以接受，讓趨勢線盡量符合大多數的高低點位置，不必追求一點不差。

畫趨勢線時的「差不多」精神

舉例來說，圖表 3-3 中，所羅門（2359）於 2024/5/14 三角突破，在此之前的三角收斂應該怎麼畫呢？

如果完全緊貼高低點，趨勢線大致如虛線，看起來接近平行，三角收斂難以成立，確認突破區間的時間更晚；實線則是改用「差不多」精神所畫出的趨勢線，明顯形成三角收斂，更能表現出價格帶逐漸壓縮的趨勢。

而從圖表 3-4 可看到，志聖（2467）盡量緊貼高低點的趨勢線如虛線，抓個大概的畫法則如實線，由於沒有超出區間太多的上下影線，所以兩者結果幾乎相同，最後在 2024/6/26 出現三角突破。

圖表 3-3　三角收斂範例：所羅門（2359）2024/5/14 三角突破

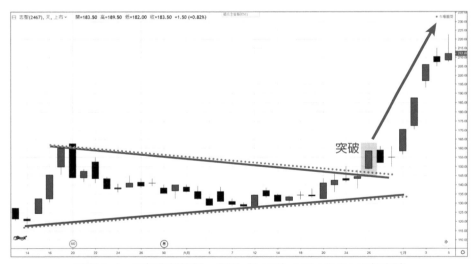

圖表 3-4　三角收斂範例：志聖（2467）2024/6/26 三角突破

至於圖表 3-5 的光聖（6442），虛線和實線的位置差不多，大概只有突破 K 的認定不太一樣，以實線來看，三角突破日為 2024/4/30，突破上漲幾根後盤整了一陣子才噴出。

圖表 3-5　三角收斂範例：光聖（6442）2024/4/30 三角突破

明白三角收斂的畫法規則之後，要知道，我們要找的訊號是三角收斂突破，等它突破之後再買進，自然最為穩妥，但具體來說應該什麼時候進場？又要什麼時候出場？續抱期間，遇到什麼情況可以多觀察一天？

另外，本節最後一個光聖（6442）的例子，如果在區間盤整階段先出場，那要如何再進場，掌握到後面這段漲勢？這些在下一節都會介紹到。

3-2　買進後股價沒立刻起飛，還可以續抱嗎？

　　在詳細講述方法之前，先在此簡單說明三角收斂操作 SOP（見圖表 3-6）。

　　找到符合三角收斂型態的股票標的之後，由於要賺取突破後上漲的走勢波段，故可在確認突破（漲 5% 以上）那天收盤進場，或是隔天開盤進場，依個人習慣調整，價格不會相差太多。考慮到隔天不見得會順著突破續漲，所以要預先設定停損條件，大約為 3% ～ 5%，在接

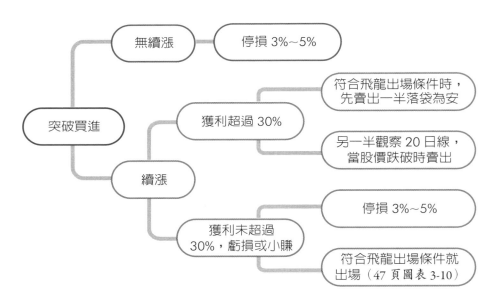

圖表 3-6　三角收斂操作 SOP

近收盤時判斷。

若價差順利拉大，最好的情況就是，**從突破 K 收盤價算起，獲利達 30%**，此時建議分兩批出場，一半依照「飛龍操作」的條件出場，讓一部分的利潤先落袋為安；另一半就防守 20 日線（又稱月線、MA20，為近 20 日的平均價格線），收破出場。

萬一獲利未達 30%，可能小彈一下就跌了，也可能漲幅不到 30% 但還是有賺，所以會有停損和停利的狀況。停損一樣設定 3% ～ 5%，若價差拉開了、可以停利，就依照「飛龍操作」的條件出清。

但有時出清後，股價其實也沒有就此轉跌，而是進入盤整，在一個區間內來回波動。所以如果**後續盤整完又出「飛龍突破」，並且站上 20 日線**（再次進場的條件要嚴苛一點），**就可以重新進場，再次執行三角收斂 SOP**。

講到這裡，一定有人滿頭問號：等等，到底什麼是飛龍啊？哪裡有龍？

標準飛龍操作：破低或未創高就出場

在股票市場，喜歡飆股是人之常情，許多投資人會趁著突破買進。而長紅突破後股價不斷創高、飛天的股票，我稱作「飛龍」，最基本的標準飛龍邏輯大致如下：

標準飛龍特性：

首日長紅（漲 5% 以上，不一定要漲停），每天都創高且不破低。

買進時機：

第一根長紅突破後，當天收盤進場，或是隔天開盤進場。

賣出時機（符合其一即可）：

1. 跌破前一日低點（出現量縮的小黑 K 跌破，可以多觀察一天，編按：這裡指的是股價小幅下跌，同時成交量也減少，通常代表的是股票賣壓不大，因此可以稍作觀察）。

2. 末創高（很接近前高、價格只差一兩檔，或是當天漲停，可先不出場）。

3. 前兩點是在當天收盤或隔天開盤賣出，但盤中跌幅超過 6% 且破前低的話，就可以先出場，以免跌停賣不掉。

　　當一檔股票在**首日長紅突破**（漲 5% 以上，不一定要漲停），還不能視為飛龍，只能先列入飛龍候選名單。**接下來要每天創高且不破前一天低點**，才是真正飛龍成形，如圖表 3-7 所示。

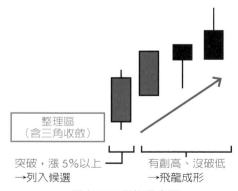

整理區
（含三角收斂）

突破，漲 5% 以上
→列入候選

有創高、沒破低
→飛龍成形

圖表 3-7 飛龍示意圖

舉例來說，泰茂（2230）於 2023/1/4 長紅突破收在 34.35 元，列入飛龍候選名單（見圖表 3-8）。

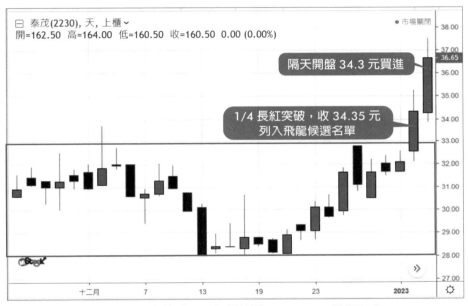

日 泰茂(2230), 天, 上櫃 ∨
開=162.50 高=164.00 低=160.50 收=160.50 0.00 (0.00%)

● 市場關閉

隔天開盤 34.3 元買進

1/4 長紅突破，收 34.35 元
列入飛龍候選名單

圖表 3-8　泰茂（2230）日線圖，2023/1/4 長紅突破

確認到飛龍型態以後，該在何時進場？**第一根長紅突破後，可以當天收盤進場，也可以隔天開盤進場**，和三角收斂突破一樣。

在上面的範例中，可以在隔天開盤以 34.3 元買進，然後持續觀察股價變動，只要每天都創高且不破低就續抱（見圖表 3-9）。

既然標準飛龍的滿足條件是「每日都創高＋不破前一天的低點」，那麼只要任一點沒達到，表示標準飛龍型態解除，我們就要退場。

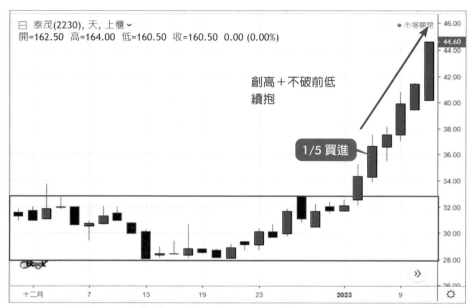

圖表 3-9　泰茂（2230）日線圖，2023 年 1 月時標準飛龍成形

換句話說，依據標準飛龍型態操作的投資人，**買進後一旦遇到以下其中一種狀況，就要在當天收盤或隔天開盤賣出**（見圖表 3-10）：

1. 盤中跌破前一日低點（*出現量縮的小黑 K 跌破，可以多觀察一天*）。

2. 未創高（*很接近前高、價格只差一兩檔，或當天漲停，可先不出場*）。

3. 盤中跌幅超過 6% 且破前低，就可以先出場，以免跌停賣不掉。

泰茂（2230）在 1/13 既沒創高，盤中又跌破了前一天的低點，兩種狀況一次滿足，應在當日收盤、或在隔日開盤時出清。要特別注意

1. 破前低，當天收盤或隔天開盤賣出。

破前低出場

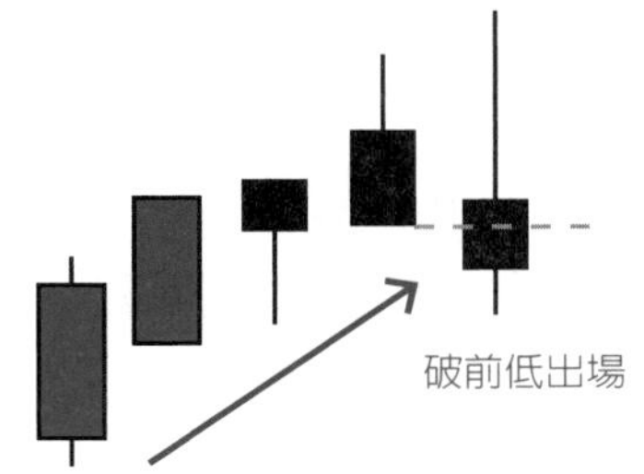

2. 未創高，當天收盤或隔天開盤賣出。

未創高出場

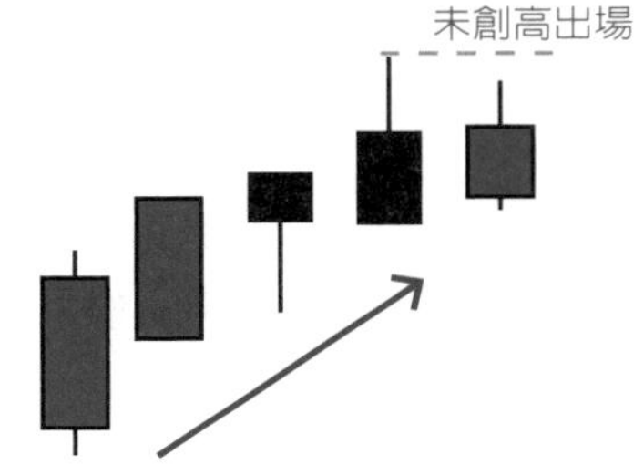

3. 盤中跌幅超過 6% 且破前低，不等收盤先出場。

跌幅超過 6% 且破前低
不等收盤先出場

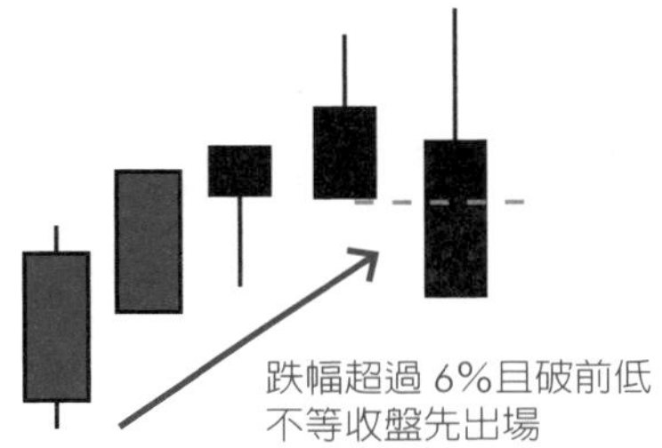

圖表 3-10　標準飛龍出場條件

的是，前面提到盤中跌幅超過 6% 且破前低，就應該出場，而 1/12 跌幅雖有 9.87%，但低點為 40.2 元，未破前一日低點 40.15 元，故可先不出場，再觀察一日（見圖表 3-11）。

這次操作，以 1/5 開盤價 34.3 元買進，再以 1/13 收盤價 42.9 元賣出，報酬率為 25.1%（見圖表 3-12）。

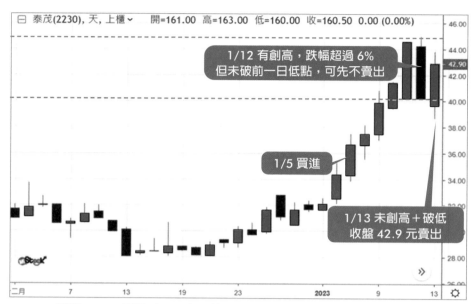

圖表 3-11　泰茂（2230）日線圖，2023/1/13 達標準飛龍出場條件

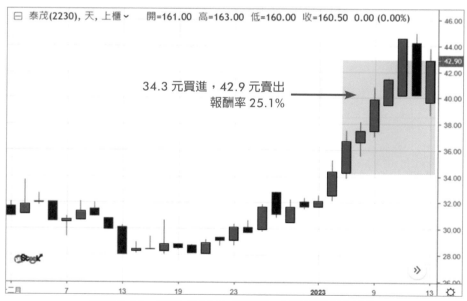

圖表 3-12　泰茂（2230）日線圖，標準飛龍操作績效

過了幾天，泰茂（2230）於 1/30 又一次長紅突破收在 45.35 元，再度進入標準飛龍候選名單，於是隔天開盤以 45.8 元買進（見圖表 3-13）。

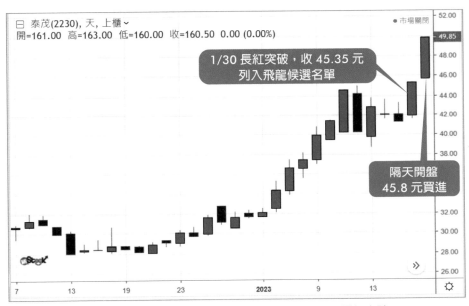

圖表 3-13　泰茂（2230）日線圖，2023/1/30 長紅突破

這一次，泰茂（2230）在 2/2 這天既未破前低，也沒再創高，但因為和前一天高點非常接近，故可續抱觀察，直到 2/6 破前低又未創高，達到標準飛龍的出場條件（見圖表 3-14）。本次操作，以 1/31 開盤價 45.8 元買進，再以 2/6 收盤價 54.5 元賣出，報酬率為 19%（見圖表 3-15）。

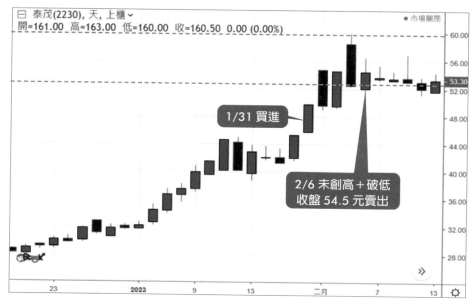

圖表 3-14　泰茂（2230）日線圖，2023/2/6 達標準飛龍出場條件

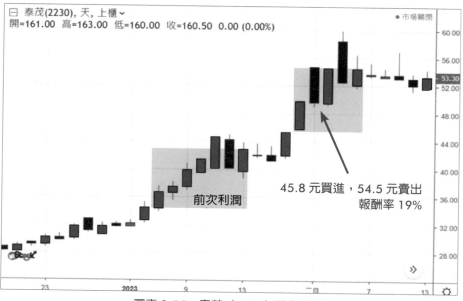

圖表 3-15　泰茂（2230）操作績效

本節開頭提過，突破隔天不見得會續漲，所以要設停損 3% ～ 5%。千萬別抱著必漲的心態操作，不僅容易拗單，也失去 SOP 的意義，純粹用情緒做單。

例如接下來這個例子：合勤控（3704）2023/1/4 長紅突破，收在 38.15 元，可於隔天開盤 38.2 元買進（見圖表 3-16）；之後在 1/6 跌破了前日低點，應在當日收盤、或者隔日開盤出清（見圖表 3-17）。

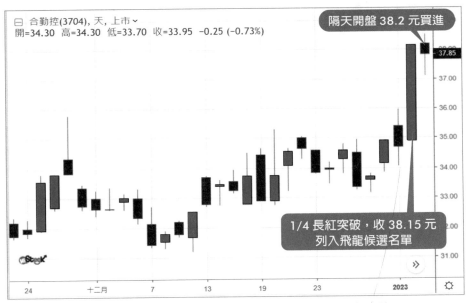

圖表 3-16　合勤控（3704）日線圖，2023/1/4 長紅突破

本次操作，以 1/5 開盤價 38.2 元買進，再以 1/6 收盤價 36.9 元賣出，虧損 3.4%（見圖表 3-18）。雖認賠出場，但只是小賠，操作本就很難筆筆獲利，主要追求「大賺小賠」。

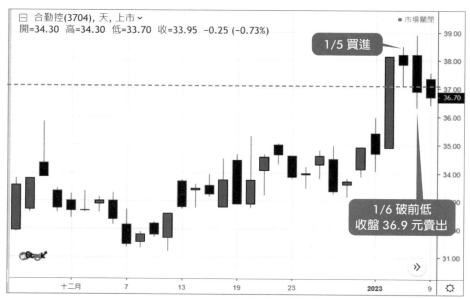

圖表 3-17　合勤控（3704）日線圖，2023/1/6 達標準飛龍出場條件

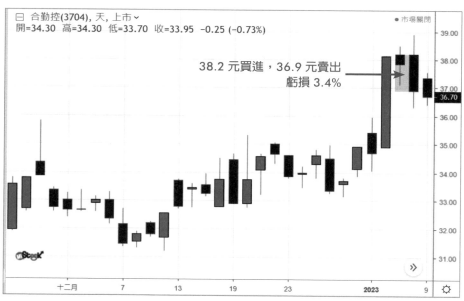

圖表 3-18　合勤控（3704）操作績效

母子飛龍，隔天需過高、不破低

我主要做波段操作，有時會發現，價格回洗完又衝上去了，先被洗掉就會少賺後面一段，相當可惜。於是我開始研究，什麼樣的情況可以續抱，增加容忍的程度，以換得多一點利潤。

一般而言，當我們根據前面提到的方式進場後，看到 K 棒破低或未創高，就應該退場。但其實有時在這種情況下，股價仍有機會繼續上漲。以下整理兩種可能繼續上漲的型態，算是「飛龍」中的進階型態，即使破低、或者未創高，只要符合某些特性，仍然可以續抱觀察，並依各自條件出清。

這兩種型態，我稱為「母子飛龍」及「破底飛龍」。

首先講講母子飛龍，其邏輯大致如下：

母子飛龍特性：

可不過高，但不能破前低，與前一根日 K 形成一長一短的組合。

賣出時機（符合其一即可）：

1. 母子飛龍形成隔天沒創高。
2. 破前低。
3. 前兩點是在當天收盤或隔天開盤賣出，但盤中跌超過 6% 且破前低的話，就可以先出場，以免跌停賣不掉。

所謂母子，指的是 K 棒沒有過前一根的高點，也沒有破前一根的低點，因此會比前一根 K 棒來得小根，形成一長一短的組合（可以是紅黑、黑紅、紅紅或者黑黑），就像媽媽背著小孩（見圖表3-19）。

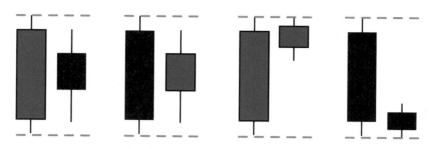

不過前高，也不破前低＝母子飛龍

圖表 3-19　母子 K 示意圖

　　舉例來說，光聖（6442）於 2024/4/30 長紅突破三角收斂，收在 145 元，列入飛龍候選名單，可於隔天開盤 148.5 元買進（見圖表 3-20）。之後在 5/7 出小紅 K，雖沒有創高，卻也沒有破低，與前一天的 K 棒形成一長一短的組合，即為母子飛龍型態（見圖表 3-21）。

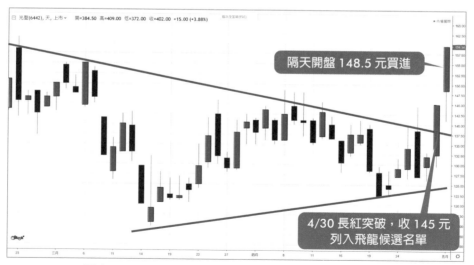

圖表 3-20　光聖（6442）日線圖，2024/4/30 長紅突破

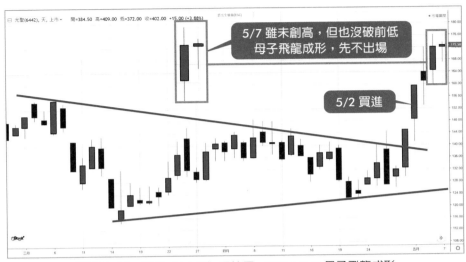

圖表 3-21　光聖（6442）日線圖，2024/5/7 母子飛龍成形

如果依據標準飛龍型態的出場條件，就算未破前一天低點，但只要沒創高，便要出清。但若我們再加入母子飛龍這個條件，觀察當日確實沒破前低，這時就可以先不出場、多觀察一天。若讀者擔心股價會一路向下的話，也可以選擇減碼一半，隔天一過高即順勢續抱。

由於母子飛龍續抱已經算是「留校察看」，隔天自然要嚴格一點，重點檢查它有沒有創高。故**母子飛龍的出場條件有二，只要符合其一，就要在當天收盤或隔天開盤賣出**（見圖表 3-22）：

1. 母子飛龍形成的隔天，沒過前一天高點。

2. 破前低。

1.母子飛龍形成隔天，沒過前一天高點。

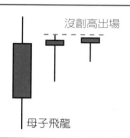

2.破前低。

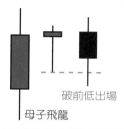

圖表 3-22　母子飛龍出場條件

回到光聖（6442）的例子。

母子飛龍隔天收黑，但因為成功創高，而且未破前日低，所以還是抱著；但再隔天（5/9），價格既沒有創高，又跌破了前日低，符合飛龍出場條件。

還記得三角收斂 SOP 嗎？如果獲利未達 30%，應根據飛龍出場條件來停利，於當天收盤、或者在隔天開盤賣出，這邊以當日收盤價 166元出清（見圖表 3-23）。

但看到圖表 3-24，會發現出場後，股價沒有就此下跌，而是進入整理，再度形成三角收斂，並於 5/31 突破三角收斂盤整區的上緣，且在 20 日線之上，隔天開盤便能以 182.5 元重新買進。後續幾天順利跳空上漲，更在 6/7 達到獲利 30%。

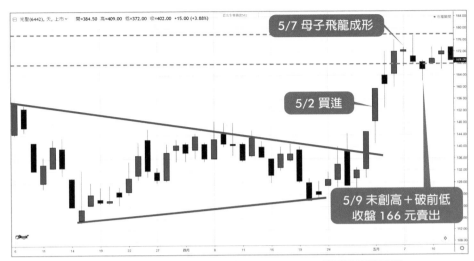

圖表 3-23　光聖（6442）日線圖，2024/5/9 達飛龍出場條件

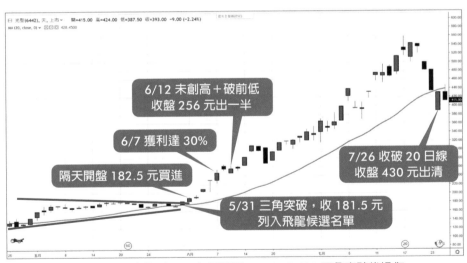

圖表 3-24　光聖（6442）日線圖，2024/5/31 三角突破後操作

按照三角收斂 SOP，獲利達 30% 之後，要根據飛龍出場條件先出一半，另一半守 20 日線。因此這次操作，會在 6/12 未創高又破前低時先出一半，另一半直到 7/26 跌破 20 日線才出清。

這兩段操作，第一段以 5/2 開盤價 148.5 元買進，5/9 收盤賣在 166元，報酬率為 11.8%；第二段以 6/3 開盤價 182.5 元買進，分兩批出場，一批賣在 6/12 的收盤價 256 元，一批賣在 7/26 的收盤價 430 元，平均報酬率為 87.9%（見圖表 3-25）。

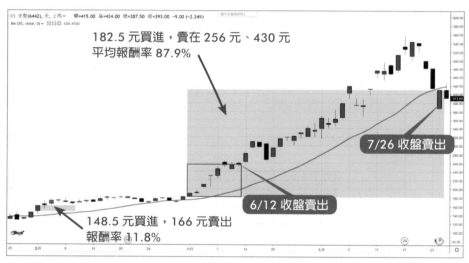

圖表 3-25　光聖（6442）操作績效

再舉一個例子。瀧澤科（6609）在 2024/8/16 長紅突破三角收斂，收在 56.3 元，列入飛龍候選名單，可於隔天開盤以 59.2 元買進。沒想到 8/20 就沒再創高，按照標準飛龍的條件來看，收盤應出場，賣在59.3 元，報酬率僅 0.2%（見圖表 3-26、3-27）。

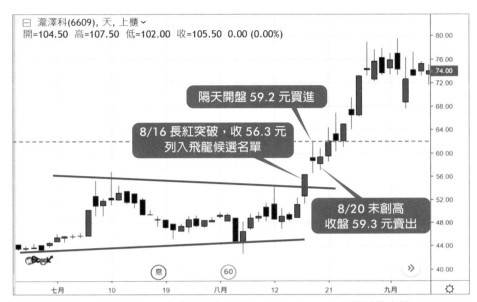

圖表 3-26　瀧澤科（6609）日線圖，2024/8/20 標準飛龍出場

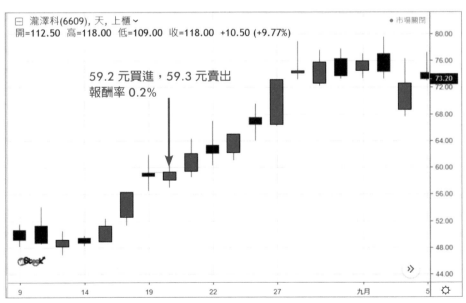

圖表 3-27　瀧澤科（6609）標準飛龍操作績效

但我們已經知道，有時未創高不見得要出場，只要也沒破低，就屬於母子飛龍型態，可以多觀察一天。而瀧澤科（6609）在標準飛龍出場這天（8/20），正好是母子飛龍型態，所以我們可以選擇續抱，隔天再特別觀察有沒有創高。

由於 8/21 成功創高，因此不用退場，之後在 8/23 又經歷了一次母子飛龍，再次順利續抱，最後在 8/29 因沒創高又破前低，達到飛龍出場條件。此時獲利來到 27.9%，但因未滿 30%，按照三角收斂 SOP，應在達到飛龍出場條件後全數出清，最後以收盤價 75.7 元賣出（見圖表 3-28、圖表 3-29）。

一樣是飛龍突破隔天開盤買進，但因為多了母子飛龍的容許空間，就有機會拉長抱單的時間，讓本來獲利不高、或甚至虧損的交易，可能反過來賺到一大段。

此外，從圖表 3-28 可以看到，後續不斷沿著 20 日線上漲；換句話說，如果有分批賣出，就多抱到了一大段漲勢。這其實也有彈性調整的空間，可以去思考：離目標 30% 很接近，能不能續抱？如果把參數改成 25%、20%，會不會抱更久？績效又會如何變化？讀者可再藉由歷史回測，驗證新參數，打造出讓自己滿意的最佳進出場條件。

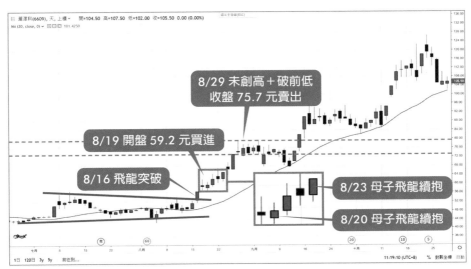

圖表 3-28　瀧澤科（6609）日線圖，2024 年 8 月加入觀察母子飛龍

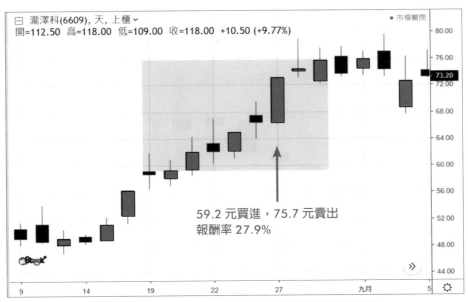

圖表 3-29　瀧澤科（6609）加入母子飛龍後操作績效

破底飛龍，收過前收盤價可多觀察一天

接下來要介紹的破底飛龍，邏輯大致如下：

破底飛龍特性：

可允許破前一天低點，但最後收盤需高過前一天的收盤價。

賣出時機：

1. 未創高又破低（母子飛龍失敗）。

2. 跌破前一天低點，但未收過前一天收盤價（破底飛龍失敗）。

3. 前一點是在當天收盤或隔天開盤賣出，但盤中跌超過 6% 且破前低的話，就可以先出場，以免跌停賣不掉。

「破底」飛龍，顧名思義，就是**跌破前一天低點，但最後收盤要高過前一天的收盤價**才算成形，有沒有創高，或是出什麼顏色的 K 棒，倒不影響判斷，如圖表 3-30 所示。

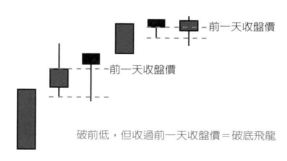

圖表 3-30　破底飛龍示意圖

至此可知，標準飛龍既然是「標準」，表示最嚴格、最沒有例外，

而母子飛龍和破底飛龍都允許未創高；但在破前低方面，破底飛龍的
容許程度又比母子飛龍高一些（見圖表 3-31）。

	破底飛龍	母子飛龍	標準飛龍
未創高	可	可	不可 （除非極接近）
破前低	可	不可	不可
收盤位置	需收過前一天的 收盤價	無限制	無限制

圖表 3-31　型態比較：破底飛龍 VS 母子飛龍 VS 標準飛龍

　　不像母子飛龍隔天必須創高，否則應出清；破底飛龍隔天並沒有
特殊的續抱條件，除非進階飛龍型態皆不成立才出場，包括未創高又
破低（母子飛龍失敗）、破低又未收過前一天收盤價（破底飛龍失敗）
這兩種狀況（見圖表 3-32）。

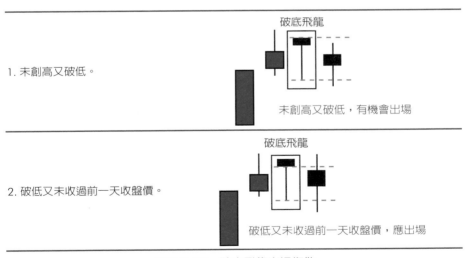

圖表 3-32　破底飛龍出場條件

來看個例子。由圖表 3-33 可知，志聖（2467）在 2024/6/20 長紅突破，收在 141 元，列入買進候選名單，隔天開盤可以 140 元買進。

若是依據標準飛龍型態操作，盤中股價破前低便可準備出清；但當我們加入破底飛龍的條件後，則可等到接近收盤時再確認，如果收盤時未能超過前一天的收盤價，就應該出場。

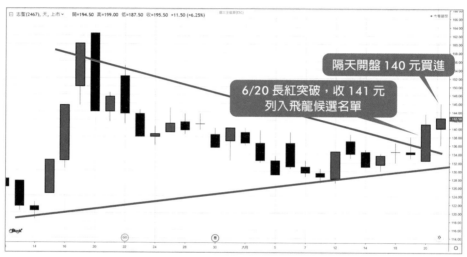

圖表 3-33　志聖（2467）日線圖，2024/6/20 長紅突破

因此，6/25 出了一根未創高又破低的紅 K，依照標準飛龍的條件就應出場，然而當天收盤超過前一天的收盤價、代表符合了破底飛龍的條件，故可多觀察一天，看看是否維持飛龍型態；只見 6/28 再出破底飛龍，隔天就漲停噴出，連拉三根長紅（見圖表 3-34）。

別忘了此例為三角突破，所以操作時還要搭配三角收斂 SOP —— 7/2 獲利達 30%，接下來一半的部位在符合飛龍出場條件時

賣出，剩下一半則在跌破 20 日線時出場，因此分別會在 7/8 出長黑和 7/29 收破 20 日線這兩個時機賣出（見圖表 3-35）。

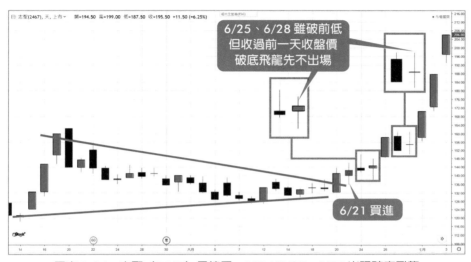

圖表 3-34　志聖（2467）日線圖，2024/6/25、6/28 出現破底飛龍

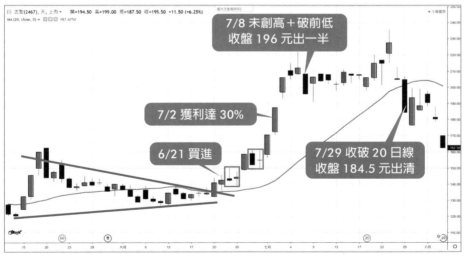

圖表 3-35　志聖（2467）日線圖，2024/6/20 三角突破後操作

這一次操作，以 6/21 開盤價 140 元買進，因為獲利達 30% 而分兩批出場，一批賣在 7/8 收盤價 196 元，一批賣在 7/29 收盤價 184.5 元，平均報酬率為 35.9%（見圖表 3-36）。

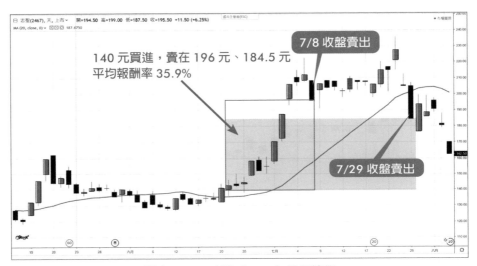

圖表 3-36　志聖（2467）操作績效

再舉一個例子——前面介紹母子飛龍的條件時，所提到的光聖（6442）。

光聖（6442）在 2024/5/31 三角突破後，隔天開盤買進，6/7 達到獲利 30%。本來若沒有加入破底飛龍的條件，我們會在 6/12 收盤價位 256 元先出一半，然而，當天的股價雖未創高且破前低，收盤卻有超過前一天的收盤價，也就是符合了破底飛龍的條件，故可再觀察（見圖表 3-37）。

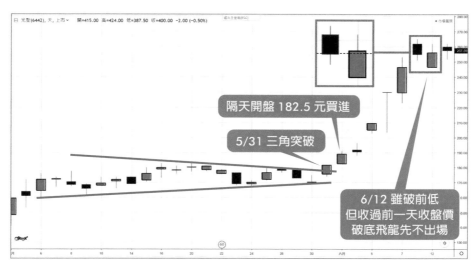

隔天開盤 182.5 元買進

5/31 三角突破

6/12 雖破前低
但收過前一天收盤價
破底飛龍先不出場

圖表 3-37　光聖（6442）日線圖，2024/6/12 出現破底飛龍

這次續抱，經過 6/13 及 6/18 的母子飛龍（見圖表 3-38 圈起處），直到 6/19 出長黑，才於收盤賣出一半，剩下一半則是在 7/26 時，因跌破 20 日線而出清。總結來看，此次操作以 6/3 開盤價 182.5 元買進，6/19 收盤以 268 元先賣一半，7/26 收盤以 430 元賣剩下一半，平均報酬率為 91.2%（見圖表 3-39）。

與標準飛龍相比，前面提到的母子飛龍和破底飛龍這兩種條件出現的機率較低，沒把握的投資人，只專注於標準飛龍操作也無妨。

操作就是這樣，不管什麼方法，只要適合自己、能夠確實執行，那就是好方法。

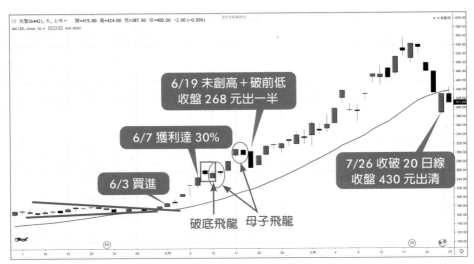

圖表 3-38 光聖（6442）日線圖，2024/5/31 三角突破後操作

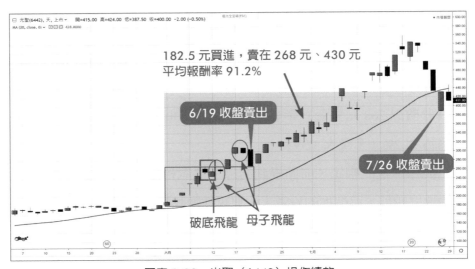

圖表 3-39 光聖（6442）操作績效

3-3 賣出的時機，哪一種方式更好？

前面介紹了兩種突破整理區間後的操作策略，差別在於出場條件，其中一種是只依據飛龍出場條件，不管有沒有超過 30%，一旦達到出場條件就清空部位；另外一種稱為三角收斂 SOP（見 42 頁圖表 3-6），若獲利未超過 30%，將在達到出場條件時出清持股，而若獲利超過 30% 時，則在達到飛龍出場條件時先出一半，接下來就觀察股價與 20 日線走勢，待股價跌破 20 日線，再把剩下的持股賣掉。

既然有這兩種出場條件，那麼哪一種的獲利會比較好呢？在本章最後，我將用幾個最近表現不錯的例子來簡單驗證。提醒各位，我在提到「飛龍」時，觀察目標包含標準飛龍、母子飛龍及破底飛龍，若要描述不觀察進階飛龍的情況，我會特別以「標準飛龍」來稱呼。

> ▶ 標準飛龍操作→只觀察標準飛龍
> ▶ 飛龍操作→觀察標準飛龍＋母子飛龍＋破底飛龍

❶ 合機 1618

參見圖表 3-40。

合機（1618）	飛龍出場	三角收斂 SOP
買進日、價格	4/9，38.85 元	
賣出日、價格	4/22，57.8 元	4/22，57.8 元出一半 5/3，48.55 元出剩下一半
平均報酬率	48.8%	36.9%

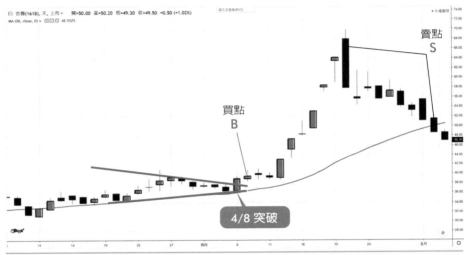

圖表 3-40　2024 年 4 ～ 5 月，合機（1618）績效對照表

▶ 飛龍出場

　　2024/4/8 突破，隔天開盤以 38.85 元買進；4/11 出了既不創高也不破低的紅 K，為母子飛龍，隔天就漲停。最後在 4/22 出了一根長黑，破低又未收過前一天收盤價，達出場條件，收盤賣在 57.8 元。

▶ 三角收斂 SOP

　　一樣在 4/8 突破後，隔天開盤買在 38.85 元；4/16 達到獲利 30%，

可分批出場。第一批用飛龍操作，在 4/22 以 57.8 元賣出；第二批守 20 日線，在 5/3 跌破這天收盤出場，賣在 48.55 元。

❷ 所羅門 2359

參見圖表 3-41。

所羅門（2359）	飛龍出場	三角收斂 SOP
買進日、價格①	5/15，120 元	
賣出日、價格①	5/16，120 元	5/16，120 元
買進日、價格②	5/20，140 元	
賣出日、價格②	5/28，175 元	5/28，175 元出一半 6/11，156 元出剩下一半
平均報酬率	13.5%	9.8%

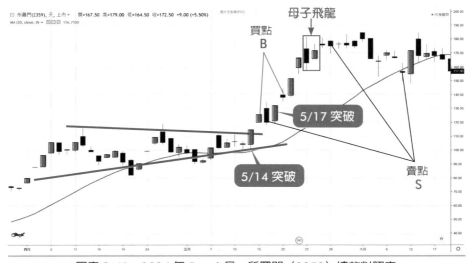

圖表 3-41　2024 年 5 ～ 6 月，所羅門（2359）績效對照表

▶ 飛龍出場

　　2024/5/14 突破，隔天開盤以 120 元買進；但 5/16 就出一根黑 K 往下吞，最後也未收回前一天的收盤價，故先以 120 元賣出。沒想到 5/17 馬上長紅回吞前一根黑 K，且價格在 20 日線之上，遂於隔天開盤以 140 元重進；5/24 出現母子飛龍，隔天創高續抱，5/28 破低未收過前一天收盤價，符合出場條件，收盤賣在 175 元。

▶ 三角收斂 SOP

　　一樣在 5/14 突破後，隔天開盤買在 120 元；5/16 出破低黑 K 未往上收回，此時獲利還未達 30%，故採飛龍出場，收盤賣在 120 元。

　　5/17 出長紅回吞前一根黑 K，且價格在 20 日線之上，隔天開盤再以 140 元買進，5/24 達到獲利 30%，可分批出場。第一批用飛龍操作，在 5/28 以 175 元賣出；第二批守 20 日線，在 6/11 跌破這天收盤出場，賣在 156 元。

❸ 耀華 2367

　　參見圖表 3-42。

▶ 飛龍出場

　　2024/5/8 突破，隔天開盤以 30.2 元買進；5/10 雖破前低，但有收過前一天的收盤價，為破底飛龍，故多觀察一天，後續就拉上去了，直到 5/22 出了未創高又破前低的黑 K，符合出場條件，才於收盤以

耀華（2367）	飛龍出場	三角收斂 SOP
買進日、價格	5/9，30.2 元	
賣出日、價格	5/22，38.2 元	5/22，38.2 元出一半 6/11，35.7 元出剩下一半
平均報酬率	26.5%	22.4%

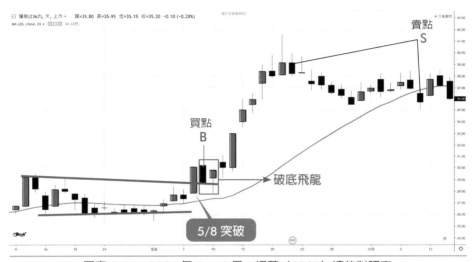

圖表 3-42　2024 年 5 ～ 6 月，耀華（2367）績效對照表

38.2 元賣出。

▶ 三角收斂 SOP

　　一樣在 5/8 突破後，隔天開盤買在 30.2 元，後續出了破底飛龍後就拉了上去；至 5/21，獲利已拉大至 30%，可分批出場。

　　第一批用飛龍操作，在 5/22 以 38.2 元賣出；第二批守 20 日線，在 6/11 跌破這天收盤以 35.7 元賣出。

可看到跌破 20 日線隔天，又一根紅 K 站回，但並沒有突破整理區間，也不達 5% 長紅，不建議重新買回，實際上也很快就跌回 20 日線之下進入整理。

❹ 迎廣 6117

參見圖表 3-43。

迎廣（6117）	飛龍出場	三角收斂 SOP
買進日、價格	5/22，103 元	
賣出日、價格	5/30，130.5 元	5/30，130.5 元 6/19，126 元
平均報酬率	26.7%	24.5%

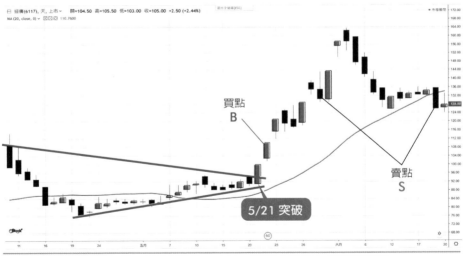

圖表 3-43　2024 年 5 ～ 6 月，迎廣（6117）績效對照表

▶ 飛龍出場

2024/5/21 突破，隔天開盤以 103 元買進；5/30 雖創高，但也收破前低，符合出場條件，因此收盤以 130.5 元賣出。

▶ 三角收斂 SOP

一樣在 5/21 突破後，隔天開盤買在 103 元；5/29 即達到獲利 30%，可分批出場。

第一批用飛龍操作，在 5/30 收破前低這天收盤以 130.5 元賣出；第二批守 20 日線，於 6/19 收破後以收盤價 126 元賣出。

❺ 光聖 6442

參見圖表 3-44。

▶ 飛龍出場

2024/4/30 突破，隔天開盤以 148.5 元買進；5/7 出了不創高也不破低的母子飛龍，下一根有創高且不破前低即可續抱，最後於 5/9 收盤賣在 166 元。

後續區間盤整了一段時間，形成較小的三角收斂，並於 5/31 突破，隔天開盤以 182.5 元買進；經歷了 6/12 的破底飛龍、6/13 及 6/18 的母子飛龍，可一路抱到 6/19 出破底長黑，收盤賣在 268 元。

光聖（6442）	飛龍出場	三角收斂 SOP
買進日、價格①	5/2，148.5 元	
賣出日、價格①	5/9，166 元	5/9，166 元
買進日、價格②	6/3，182.5 元	
賣出日、價格②	6/19，268 元	6/19，268 元 7/26，430 元
平均報酬率	31.1%	91.2%

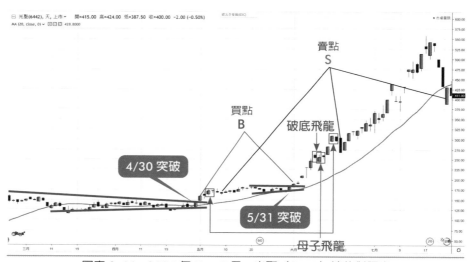

圖表 3-44　2024 年 5 ～ 7 月，光聖（6442）績效對照表

▶ 三角收斂 SOP

　　一樣在 4/30 突破後，隔天開盤買在 148.5 元；5/7 出母子飛龍續抱，但 5/9 這天未創高又破前低，且獲利尚未拉大 30%，採飛龍出場，收盤賣在 166 元。

　　5/31 出長紅突破三角收斂整理區間，隔天開盤以 182.5 元買進，且

6/7 就達到獲利 30%，可分批出場。第一批用飛龍操作，在 6/19 以 268 元賣出；第二批守 20 日線，在 7/26 跌破這天收盤出場，賣在 430 元。

⑥ 訊芯 -KY 6451

參見圖表 3-45。

訊芯 -KY（6451）	飛龍出場	三角收斂 SOP
買進日、價格	6/13，193 元	
賣出日、價格	6/19，245.5 元	6/19，245.5 元 7/9，248 元
平均報酬率	27.2%	27.8%

圖表 3-45　2024 年 6 ～ 7 月，訊芯 -KY（6451）績效對照表

▶ 飛龍出場

2024/6/12 突破，隔天開盤以 193 元買進，後續就一路上漲；但到了 6/19，破了前一天紅 K 的低點，最後並沒有收過其收盤價，破底飛龍成形失敗，故於收盤以 245.5 元賣出。

▶ 三角收斂 SOP

一樣在 6/12 突破後，隔天開盤買在 193 元，並於 6/19 達到獲利 30% 的目標，可分批出場。

由於 6/19 當天符合飛龍出場條件，因此在收盤時，就先以 245.5 元賣掉一半；另一半就守 20 日線，最終於 7/9 破線出清，收盤賣在 248 元。

我將上述例子的報酬率整理如圖表 3-46，可以發現，**有時飛龍出場的績效比較好，有時三角收斂 SOP 的績效比較好，這主要和後續走勢有關**——若持續走強，價格又往上拉，那麼運用三角收斂 SOP 的就不會錯過這段漲勢；若強度不夠，第二批就可能賣在比較低的價格，影響到利潤。

雖然我們不是主力，無法預先知道後續究竟強不強，但依照三角收斂 SOP 操作的話，就可以在價差拉大後抱得更久，即使第二批賣在較低的位置，績效其實也不會差太多，理論上，整體表現會比飛龍出場更穩定。

此外，對於一些新手來說，一根根判讀 K 棒型態非常吃力，因此

飛龍進場後，可以選擇在跌破 5 日線或 10 日線時出場，觀察起來也會比較簡單。這樣做的耐損空間更大，更容易抱住波段飆股；但相對地，停損的時候也會損比較多。

任何進出場參數都沒有標準答案，在本書中，我也會提出許多可以彈性調整的地方，一開始讀者當然可以照著模板做，但也應該試著尋找適合自己的模式，思考並回測出更好的獲利方程式。

股票	飛龍出場報酬率	三角收斂 SOP 報酬率
合機（1618）	48.8%	36.9%
所羅門（2359）	13.5%	9.8%
耀華（2367）	26.5%	22.4%
迎廣（6117）	26.7%	24.5%
光聖（6442）	31.1%	91.2%
訊芯 -KY（6451）	27.2%	27.8%
總報酬率	173.8%	212.6%

圖表 3-46　飛龍出場報酬率 VS 三角收斂 SOP 報酬率

「風險」建築在沒有計畫的操作上，
「獲利」則建立在有紀律的規劃上，
因此做任何投資之前，一定要擬訂計畫。

第 **4** 章

大漲一波後
又快速下跌的股票，
也有再漲的機會

● ● ● ○ ● ● ●

4-1 長期橫盤整理的股票，看 20 日均線找買點

　　前幾章介紹的飆股相關策略，側重在突破買進，以及上漲過程中可以容許的 K 棒型態，我將它稱為飛龍。與之相對，有另一種飆股走勢是低檔盤整一段時間，好像潛伏在水底，在潛伏期間，投資人想操作也沒什麼價差可賺；待它醞釀夠了，就會突破水面，有機會往上走出一大波行情（見圖表 4-1）。

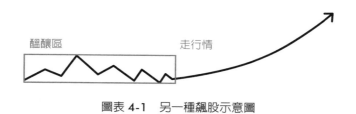

圖表 4-1　另一種飆股示意圖

　　此種型態，主要做的是波段，觀察與操作週期都比較長，所以很受環境背景影響。在大盤多頭的情況下，個股上漲的機率較高，給了飆股足夠的成長空間，只要走漲時間越長，這種飆股就可能存活得越久。

　　但這並不表示，多頭下的這種飆股百分之百會漲，還是有可能失敗，只是對比空頭操作，多頭操作的風險較低，勝率自然更高。如果是新手，我建議空頭時就乾脆不要動作，等轉多頭再來選股。

穿什麼山？惡什麼惡？

前面我們提過，看三角收斂型態找出飆漲飛龍股的技巧，也講述了進出場的策略；那面對這種有潛伏期的飆股時，又有什麼樣的策略？這正是本節要介紹的——「穿山惡龍」，邏輯大致整理如下：

穿山惡龍特性：

第一波上漲至少 30% 後跌破 20 日線，但後續又站回 20 日線（至少要有 3% 實體紅〔編按：指收盤價比開盤價高 3%〕才算有效站上）。

買進時機：

1. 跌破 20 日線後在三天內站回，表示力道比較強，即可買進。
2. 破線後一段時間才站回，可先觀察一兩週，確認站穩再買進。

賣出時機：

跌破 20 日線全部出清。

所以說，穿山是要穿過哪座山？惡又是什麼惡？答案都是 20 日線。

不過，要先有跌破，才能再往上穿越，所以穿山惡龍所強調的，是原本跌破 20 日線（破惡），後續又穿越站回 20 日線（穿惡）。

除了跌破 20 日線後又回頭站上之外，進場要再多加一個條件——跌破 20 日線前第一波漲幅達 30% 以上（見圖表 4-2）。

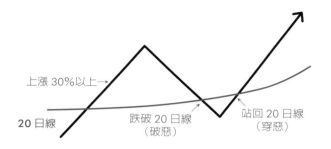

上漲 30% 以上 →

20 日線

跌破 20 日線
（破惡）

站回 20 日線
（穿惡）

圖表 4-2　穿山惡龍示意圖

　　這樣不就沒買在起漲點了嗎？沒錯，和前面介紹的飛龍不同，穿山惡龍因為不強調盯盤，所以更注重買在安全的位置，確認這支股票確實還有上漲的空間再進場，而不是一味追求買低。

　　當一檔股票本來在低檔整理，期間即使有小突破，也隨即下跌不漲，表示股價尚未出現真正的突破，還算潛水姿態。直到確實突破，也先別急著進場，待起漲 K 棒低點至小波段高點的漲幅至少達 30%，接著回測跌破 20 日線（破惡），此為第一波突破，而我們要等待的，是下一次起漲。當再次上漲站回 20 日線（穿惡）時，要確認從跌破到回漲花了多久：

- 如果三天內就站回 20 日線並站穩，表示力道較強可買進。
- 如果沒這麼快站回 20 日線，可以觀察一兩週，確認站穩再買進。

　　買進後，只要跌破 20 日線就出清，小破 3% 內尚可再觀察（見圖表 4-3）。有些投資人願意接受損點再大一點，更不容易被洗掉，就可以調整到 5%，只要沒有跌破 20 日線超過 5%，都能夠續抱。換句話說，

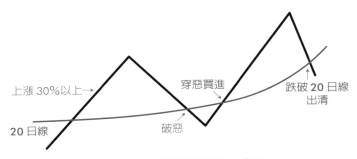

上漲 30% 以上→

穿惡買進

跌破 20 日線
出清

20 日線

破惡

圖表 4-3　穿山惡龍進出示意圖

跌破 3% ～ 5% 都可能看作小破。另外，還可用時間來判斷，比如跌破三日內再回 20 日線一樣續抱等等。

採穿山惡龍策略，不管中間如何上漲又下跌，只要股價未跌破特定位置（20 日線）就繼續持有，這種波段投資策略特別**適合沒辦法時時盯盤、又耐得住性子的投資人**。

但換個角度來看，買進之後不見得每天都能漲停，可能會震盪、整理兩三天再漲一根，整體耗費時間較久，也需要忍受洗盤過程，因此喜歡每天換股沖來沖去、或者經常追高的投資人，就不適合這樣操作。

實例驗證，不抄底摸頭也能獲利

明白穿山惡龍的邏輯之後，實際應該如何操作？

首先要選出跌破 20 日線後又站上的股票，如圖表 4-4 所示，其中所列股票僅表示當天由下往上站上 20 日線，後續還得再篩選。

時間：2024/07/29 22:54:34 波段穿惡2022版本 搜尋出 **41** 檔 1.81%，大盤共 2265 檔						時間：2024/07/29 22:54:34 波段穿惡2022版本 搜尋出 **41** 檔 1.81%，大盤共 2265 檔					
符合日期▼	代號	股票	股價	成交量(張)	收盤	符合日期▼	代號	股票	股價	成交量(張)	收盤
2023/09/26	1471	首利	14.65	871	20.3	2023/09/26	1471	首利	14.65	871	20.3
2023/09/15	1477	聚陽	445.50	1,977	332.5	2023/09/15	1477	聚陽	445.50	1,977	332.5
2023/09/28	1591	駿吉-KY	56.70	440	41.9	2023/09/28	1591	駿吉-KY	56.70	440	41.9
2023/09/26	1618	合機	48.10	2,927	28.1	2023/09/26	1618	合機	48.10	2,927	28.1
2023/09/14	1736	喬山	117.00	1,056	79	2023/09/14	1736	喬山	117.00	1,056	79
2023/09/01	2312	金寶	22.65	35,817	16.6	2023/09/01	2312	金寶	22.65	35,817	16.6
2023/09/05	2340	台亞	38.10	1,371	51	2023/09/05	2340	台亞	38.10	1,371	51
2023/09/14	2345	智邦	505.00	2,899	482.5	2023/09/14	2345	智邦	505.00	2,899	482.5
2023/09/06	2357	華碩	444.50	3,768	403.5	2023/09/06	2357	華碩	444.50	3,768	403.5
2023/09/25	2360	致茂	285.50	1,840	271.5	2023/09/25	2360	致茂	285.50	1,840	271.5

註：此為嗨投資理財學院「紫殺的股票當沖波段戰鬥營」之專屬學院聖杯，分類在「穿山惡龍」中，付費加入學院即可使用。除此之外，也可以使用其他看盤軟體的篩選功能，找出漲過20日線的股票。

圖表 4-4　波段穿惡 2022 版本選股：9、10 月結果節錄

　　注意，站上 20 日線的 K 棒至少要有 3% 實體紅，才算有效站上，否則都不算是真正站穩。

　　接著，逐一確認在跌破 20 日線之前，第一波漲幅是否達 30%，符合條件者才可考慮買進操作，後續就守 20 日線，跌破即應出清。

　　出清之後，如果股價又站回 20 日線，邏輯上可以再進場，因為有時股價還有上漲空間，卻不一定會乖乖地剛好守在 20 日線之上，也可能會稍微小跌 3% 之內（還在可以續抱的範圍），或是偶爾跌破 3% 暫時被甩轎。因此在買進這種股票後，可以設定給自己幾次機會，機會用完就不再進場，直到形成下一個穿山惡龍循環再來評估（見圖表 4-5）。

　　接下來，我們看看幾個例子加深印象。

選股	再篩	買進	出清
• 選出先跌破20日線（破惡），之後又重新站上（穿惡）的股票。 • 穿惡K棒至少要有3%實體紅，才算有效站上。	• 跌破20日線之前，第一波漲幅需達30%以上。	• 跌破20日線後三天內站回20日線，表示力道比較強，即可買進。 • 跌破20日線後一段時間才站回20日線，可先觀察一兩週，確認站回再買進。	• 守20日線，跌破即出場，小破3%內可續抱。 • 跌破20日線又站回，可以按照自己設定的進場機會重新進場，機會用完就不再進場，下一個穿山惡龍循環形成再評估。

圖表 4-5　穿山惡龍基本操作 SOP

❶ 圓剛 2417

潛水了一段時間後，於 2023/9/12 突破區間往上，第一波高低點漲幅達 80%。

當 10/20 跌破 20 日線後，三天內就站回了（10/24），表示比較強勢可進場，故於收盤以 30.5 元買進。

雖然很快又跌破 20 日線，有機會被洗出場，但隔天立刻站上可再進場，直到 12/12 明顯跌破時出清，收盤賣在 36.7 元，報酬率 20.3%（見圖表 4-6、4-7）。

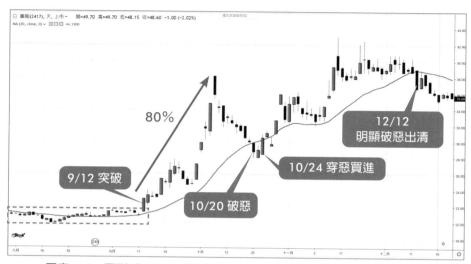

圖表 4-6　圓剛（2417）2023 年 9 ～ 12 月日線圖，穿山惡龍操作過程

操作標的	起漲低點	第一波高點	第一波漲幅
圓剛（2417）	21.2 元（9/12）	38.2 元（10/5）	80%
穿惡收盤買進	跌破 20 日線日期	出清價	報酬率
10/24，30.5 元買	12/12	36.7 元	20.3%

圖表 4-7　圓剛（2417）穿山惡龍操作價格位置

❷ 大宇資 6111

2023/4/28 往上跳空突破整理區間，第一波高低點漲幅達 42.5%。

5/25 跌破 20 日線後，下週才站回，可先多觀察，確認站穩再進場，此處先取 6/1 站回 20 日線當天，收盤以 86.8 元買進。

之後一路抱到 7/19 明顯跌破 20 日線就出清，收盤賣在 98.8 元，報酬率 13.8%；其日線圖中可見後續大跌，先出清就能避開這一大段跌勢（見圖表 4-8、4-9）。

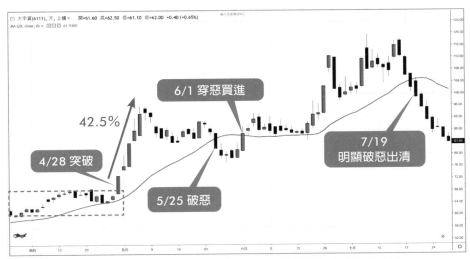

圖表 4-8　大宇資（6111）2023 年 4 ～ 7 月日線圖，穿山惡龍操作過程

操作標的	起漲低點	第一波高點	第一波漲幅
大宇資（6111）	67.3 元（4/28）	95.9 元（5/5）	42.5%
穿惡收盤買進	跌破 20 日線日期	出清價	報酬率
6/1，86.8 元買	7/19	98.8 元	13.8%

圖表 4-9　大宇資（6111）穿山惡龍操作價格位置

❸ 新建 2516

　　低檔盤整近半年後，2023/8/8 往上跳空突破，第一波高低點漲幅達 51%。

　　9/15 跌破 20 日線之後，花了三週才站回，表示力道可能沒這麼強，可以多觀察一兩週，確認站穩再進場，此處先取 10/11 站上 20 日線當天收盤以 7.85 元買進。

　　後來雖兩度跌破 20 日線，但都只是小破，故可選擇續抱，直到 2024/1/9 明顯跌破再出清，收盤賣在 13.3 元，報酬率 69.4%（見圖表 4-10、4-11）。

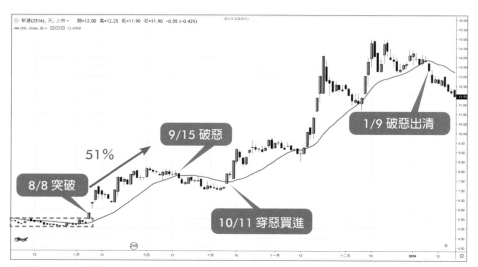

圖表 4-10　新建（2516）2023 年 8 月～2024 年 1 月日線圖，穿山惡龍操作過程

操作標的	起漲低點	第一波高點	第一波漲幅
新建（2516）	5.43 元（8/8）	8.20 元（9/4）	51%
穿惡收盤買進	跌破 20 日線日期	出清價	報酬率
10/11，7.85 元買	1/9	13.3 元	69.4%

圖表 4-11 新建（2516）穿山惡龍操作價格位置

④ 晟銘電 3013

2023/5/25 起漲突破整理區間，第一波高低點漲幅達 42%。

6/26 跌破 20 日線後，很快在 6/29 就站回了，故於收盤以 29.25 元進場。

只見後續甚至沒有回測至 20 日線，可一路抱到明顯跌破 20 日線、亦即 8/1 這天出清，收盤賣在 44.3 元，報酬率 51.5%（見圖表 4-12、4-13）。

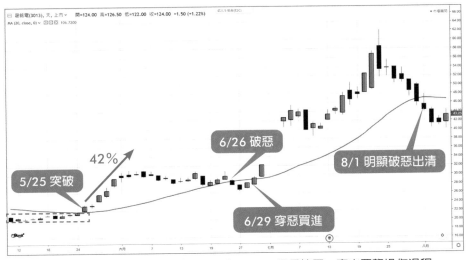

圖表 4-12 晟銘電（3013）2023 年 5～8 月日線圖，穿山惡龍操作過程

操作標的	起漲低點	第一波高點	第一波漲幅
晟銘電（3013）	21.9 元（5/25）	31.1 元（6/2）	42%
穿惡收盤買進	跌破 20 日線日期	出清價	報酬率
6/29，29.25 元買	8/1	44.3 元	51.5%

圖表 4-13　晟銘電（3013）穿山惡龍操作價格位置

❺ 鼎天 3306

低檔整理了近半年，於 2023/5/22 突破站上區間，第一波高低點漲幅達 48.1%。

6/28 跌破 20 日線之後，三天內就站回（7/3），足見較為強勢，故於當天收盤以 37.6 元進場。

後續雖兩度跌破 20 日線，但都小破不到 3%，因此可以一路抱到 9/8，明顯跌破 20 日線再出清，收盤賣在 55.8 元，報酬率 48.4%（見圖表 4-14、4-15）。

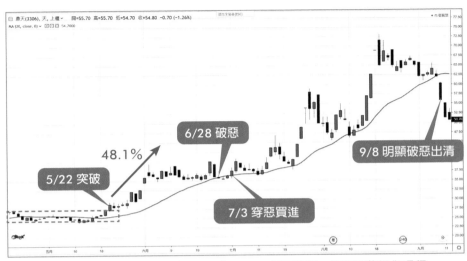

圖表 4-14　鼎天（3306）2023 年 5 ～ 9 月日線圖，穿山惡龍操作過程

操作標的	起漲低點	第一波高點	第一波漲幅
鼎天（3306）	27.05 元（5/22）	40.05 元（6/26）	48.1%
穿惡收盤買進	跌破 20 日線日期	出清價	報酬率
7/3，37.6 元買	9/8	55.8 元	48.4%

圖表 4-15　鼎天（3306）穿山惡龍操作價格位置

❻ 兆利 3458

2023/9/1 往上突破整理區間，第一波高低點漲幅達 62.2%。

10/11 跌破 20 日線之後，隔天 10/12 就站回了，可進場，於是收盤以 138.5 元買進。

後續雖然曾經小破 20 日線，但仍繼續持有，直至明顯跌破 20 日線、也就是 12/13 這天出清，賣在 199.5 元，報酬率 44%（見圖表 4-16、4-17）。

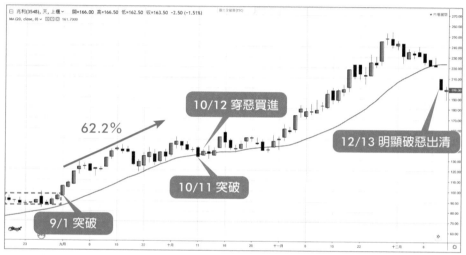

圖表 4-16　兆利（3548）2023 年 9 ～ 12 月日線圖，穿山惡龍操作過程

操作標的	起漲低點	第一波高點	第一波漲幅
兆利（3548）	94 元（9/1）	152.5 元（10/3）	62.2%
穿惡收盤買進	跌破 20 日線日期	出清價	報酬率
10/12，138.5 元買	12/13	199.5 元	44%

圖表 4-17　兆利（3548）穿山惡龍操作價格位置

❼ 系微 6231

經過前面的區間震盪，2023/7/26 跳空突破，由於跳空即漲停，所以要用前一天（7/25）的低點，來計算第一波漲幅，得出 50%。

8/10 跌破 20 日線後，未在三日內站回，可以多觀察一兩週，確認站回 20 日線再買進，此處先取 8/17 站上 20 日線當天收盤以 141.5 元買進；中間小破過幾次，原則上可續抱，於本例中，先買有價格優勢，後買則免去被洗的壓力，各有優缺。

前面說過，若是破了 20 日線又站回，邏輯上能夠再進場，因為不一定會剛好守在 20 日線之上，可能小跌破，也可能被甩轎，因此可以自行設定進場的次數，次數用完就不再進場。

在 9/8 第一次明顯跌破 20 日線於 135.5 元出清後，很快地，9/13 出長紅站上 20 日線，可收盤以 151 元買進，直到 10/30 明顯跌破 20 日線，賣在 155.5 元。11/14 再次站上 20 日線，以 169.5 元收盤買進後，會在 2024/1/17 明顯跌破 20 日線時，於 260.5 元出場。假設給自己三次進場機會，便不能再重新進場（見圖表 4-18、4-19）。

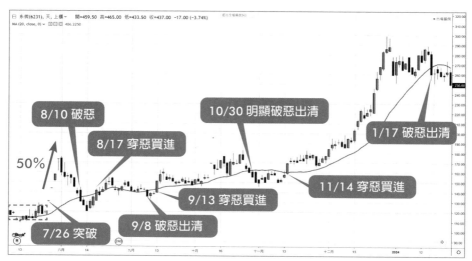

圖表 4-18　系微（6231）2023 年 7 月～ 2024 年 1 月日線圖，穿山惡龍操作過程

操作標的	起漲低點	第一波高點	第一波漲幅
系微（6231）	117 元（7/25）	175.5 元（8/1）	50%
穿惡收盤買進	跌破 20 日線日期	出清價	報酬率
8/17，141.5 元買	9/8	135.5 元	-4.2%
9/13，151 元買	10/30	155.5 元	3%
11/14，169.5 元買	1/17	260.5 元	53.7%

圖表 4-19　系微（6231）穿山惡龍操作價格位置

⑧ 馹訊 6237

2023/10/16 往上突破整理區間，第一波高低點漲幅達 35.9%。

11/8 跌破 20 日線之後，幾天後才出長紅站上，可確認站穩再進場，此處先取 11/17 站上 20 日線當天收盤以 51.8 元買進，直至 12/15 明顯跌破 20 日線即出清，賣在 56.6 元，報酬率 9.3%。

後續再次站上 20 日線，邏輯上可重新進場，不過若遇到在 20 日線上下一定範圍整理，就容易把進場機會用光（見圖表 4-20、4-21）。

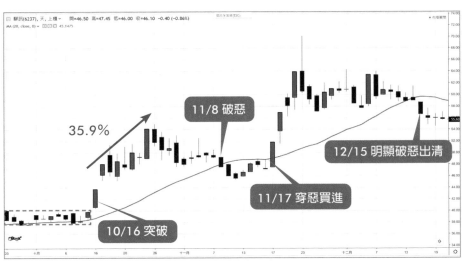

圖表 4-20　馹訊（6237）2023 年 10 ～ 12 月日線圖，穿山惡龍操作過程

操作標的	起漲低點	第一波高點	第一波漲幅
驊訊（6237）	40.4 元（10/16）	54.9 元（10/26）	35.9%
穿惡收盤買進	跌破 20 日線日期	出清價	報酬率
11/17，51.8 元買	12/15	56.6 元	9.3%

圖表 4-21　驊訊（6237）穿山惡龍操作價格位置

❾ 芯鼎 6695

歷經三、四個月的整理，終於在 2023/11/16 往上突破，第一波高低點漲幅達 39.9%。

隨後在 12/15 跌破 20 日線，過了幾天長紅站回，可確認站穩再買進，此處先取 12/25 站上 20 日線以 64.5 元買進。

這次可以一直抱到 2024/2/21 明顯跌破 20 日線再出清，賣在 83.9 元，報酬率 30.1%，且剛好避開了後面一大段下跌（見圖表 4-22、4-23）。

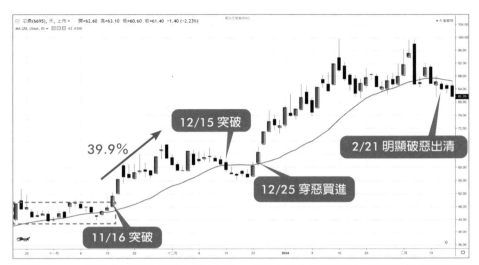

圖表 4-22　芯鼎（6695）2023 年 11 月～ 2024 年 2 月日線圖，穿山惡龍操作過程

操作標的	起漲低點	第一波高點	第一波漲幅
芯鼎（6695）	47.95 元（11/16）	67.1 元（11/30）	39.9%
穿惡收盤買進	跌破 20 日線日期	出清價	報酬率
12/25，64.5 元買	2/21	83.9 元	30.1%

圖表 4-23　芯鼎（6695）穿山惡龍操作價格位置

⑩ 安國 8054

好一段時間沒什麼波動，直到 2023/10/25 才往上跳空突破整理區間，由於跳空即漲停，故取前一天的低點計算漲幅，而第一波高低點漲幅達 158.8%。

隨後在 12/15 跌破 20 日線，但隔天就站回了，只是 K 棒實體開盤與收盤價差不到 3%，故再觀察，等 12/20 站穩再於收盤進場，買在94.8 元。

最後在 2024/2/21 跌破 20 日線即出清，賣在 154 元，報酬率 62.4%（見圖表 4-24、4-25）。

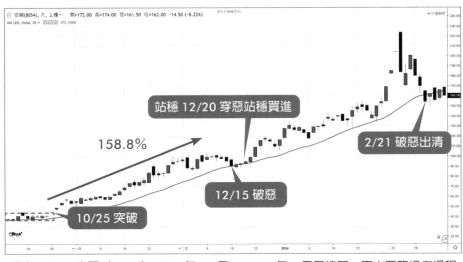

圖表 4-24　安國（8054）2023 年 10 月～ 2024 年 2 月日線圖，穿山惡龍操作過程

操作標的	起漲低點	第一波高點	第一波漲幅
安國（8054）	40 元（10/24）	103.5 元（12/8）	158.8%
穿惡收盤買進	跌破 20 日線日期	出清價	報酬率
12/20，94.8 元買	2/21	154 元	62.4%

圖表 4-25　安國（8054）穿山惡龍操作價格位置

及時停損的範例

以上皆是有順利獲利的例子，但不是每條穿山惡龍最後都能噴出，也有機會轉跌或陷入盤整，所以依照 SOP 停損很重要。看苗頭不對就及早出場，幸運的話有機會讓這筆交易幾乎無虧損，甚至還可能小小賺，更重要的，是要藉著停損，讓自己避免掉後面的一大段急殺，如同下面這兩個例子。

⑪ 中華化 1727

於 2023/4/24 突破整理區間之後，第一波高低點漲幅達 55.1%，接著 5/30 跌破 20 日線，但很快就在 6/1 站上 20 日線，可於收盤買在 43.25 元。

站上 20 日線這天還出長紅，看起來很強勢對吧？不料後續一路下跌，直到 6/12 明顯跌破 20 日線出清，賣在 37.7 元，虧損了 12.8%，然而也避開了後面的一大段下跌（見圖表 4-26、4-27）。

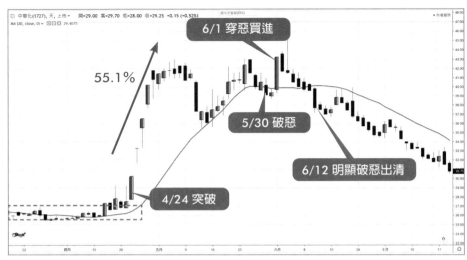

圖表 4-26　中華化（1727）2023 年 4 ～ 6 月日線圖，穿山惡龍操作過程

操作標的	起漲低點	第一波高點	第一波漲幅
中華化（1727）	27.75 元（4/24）	43.05 元（5/24）	55.1%
穿惡收盤買進	跌破 20 日線日期	出清價	報酬率
6/1，43.25 元買	6/12	37.7 元	-12.8%

圖表 4-27　中華化（1727）穿山惡龍操作價格位置

⑫ 鳳凰 5706

　　於 2023/5/23 突破盤整區間，高低點漲幅達 83.3%，就這樣漲了一大段後在 6/27 跌破 20 日線，但次日馬上站回，只是 K 棒實體不到 3%，最好先觀察，待 6/29 確認站穩再進場，買在 113 元。

沒想到，接連兩天小破，第三天脫離小破 20 日線的範圍，最終在 7/4 明顯跌破 20 日線出清，賣在 109 元，虧損了 3.5%。只見後續股價不斷下跌，幾乎沒有反彈，若沒有及早停損的話，虧損都會大於 3.5%（見圖表 4-28、4-29）。

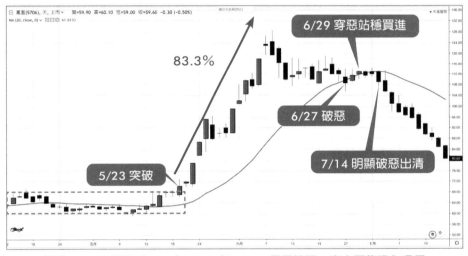

圖表 4-28　鳳凰（5706）2023 年 5 ～ 7 月日線圖，穿山惡龍操作過程

操作標的	起漲低點	第一波高點	第一波漲幅
鳳凰（5706）	70.1 元（5/23）	128.5 元（6/8）	83.3%
穿惡收盤買進	跌破 20 日線日期	出清價	報酬率
6/29，113 元買	7/4	109 元	-3.5%

圖表 4-29　鳳凰（5706）穿山惡龍操作價格位置

藉由以上範例說明，大家會發現這種波段投資法，其實操作起來並不難。而且對比其他飆股，往往是在股價拉上去且利多一直出來，才有很多散戶追買，穿山惡龍反而是在看似轉弱的時候，趁機進場布局，再坐等它噴出去。就算沒有成功，也因為停損點和買點不會相差太遠，不至於被主力坑殺，導致虧損過多。

儘管策略本身不難，但投資人仍有心魔要克服。畢竟在突破噴出之前，價格往往沒什麼波動，當一檔股票處於低檔，不知道還會整理多久，你真的敢買嗎？還是會害怕資金就卡在裡面了？

這就是我鼓勵投資人回頭看歷史 K 棒的原因。

歷史回測時，我們不能只關注噴出的狀態，最重要的是循序漸進感受當時起始的狀況，才能真正體悟到其買賣點是否符合我們要的水準，同時不忘思考：自己會不會想買進？如果買了，有沒有辦法抱到最後？如果會被洗掉，那是什麼原因？要怎麼調整設定才能不降低勝率，又能避免被洗？

思考的同時，也在檢驗這樣的 SOP，能否做到穩健獲利，只要對自己的交易手法建立起信心，更能確實執行每個步驟。

4-2 用公式計算目標股價，再分批賣出

　　上一節說明了穿山惡龍的邏輯與基本 SOP，也知道這樣的操作模式，無法讓人買在最低、賣在最高，但有沒有辦法盡量賣在相對高點呢？

　　這時進階方法就派上用場了──計算目標價，達標後先賣出一定比例，剩下的守 20 日線（見圖表 4-30）。以下會詳細說明 SOP，最後再搭配實際範例練習，幫助大家加深印象。

基礎　跌破 20 日線出清

買進

進階　算目標價 成功達標先部分停利　剩餘待跌破 20 日線出清

圖表 4-30　穿山惡龍基礎方法 VS 進階方法

按目標漲幅，決定達標後先賣出的比例

進階方法與基礎方法只差在賣出時機，進場邏輯、步驟皆相同：

1. **選股**：選出跌破 20 日線後重新站上（破惡→穿惡）的股票。
2. **再篩**：跌破 20 日線之前，第一波漲幅至少達 30%。
3. **買進**：站上 20 日線收盤買進。

買進後，要先算出目標漲幅，算法為 50×（100 ＋第一波漲幅）%，結果會依第一波漲幅而略有不同（見圖表 4-31）。

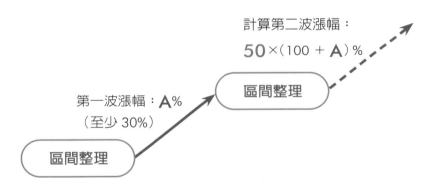

圖表 4-31　穿山惡龍目標漲幅計算方式

舉例來說，假設整理過後起漲，且第一波漲幅為 30%，那麼第二波目標漲幅計算出來是：50 × 130% ＝ 50 × 1.3 ＝ 65（%）。如果第一波漲幅為 40%，第二波的目標漲幅就是 70%（50 × 1.4），以此類推。

利用這個漲幅，可以算出目標價，算法為第二波低點 ×（1 ＋目標漲幅），其中第二波低點即回穿 20 日線的 K 棒低點。若起漲低點為 20 元，目標漲幅 70%，目標價就是 34 元（20 × 1.7）。

進階方法計算公式：

50 ×（100 ＋第一波漲幅）% ＝第二波目標漲幅

第二波低點 ×（1 ＋目標漲幅）＝目標價

穿山惡龍達陣後可能修正、橫盤整理，也可能繼續噴出，所以達陣後，可先參考目標漲幅，按比例停利（見圖表 4-32）；而盤中只要有碰到目標價都算達陣，於收盤分批賣出，碰上漲停則隔天開盤賣出。

目標漲幅（X）	停利比例
X ≦ 80%	賣出 50%，剩餘守 20 日線
80% ＜ X ≦ 90%	賣出 60%，剩餘守 20 日線
90% ＜ X ≦ 100%	賣出 70%，剩餘守 20 日線
100% ＜ X	賣出 80%，剩餘守 20 日線

圖表 4-32　穿山惡龍分批停利比例參考表

剩餘部分就回歸最初的邏輯——守 20 日線，萬一未達目標價就跌破 20 日線，應全部出清（見圖表 4-33）。

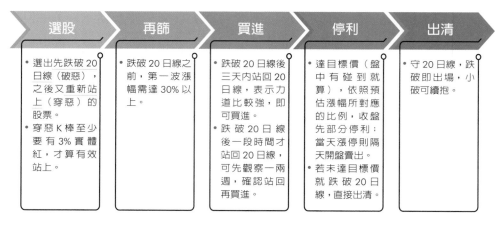

選股	再篩	買進	停利	出清
• 選出先跌破 20 日線之前，第一波漲日線（破惡），之後又重新站上（穿惡）的股票。 • 穿惡 K 棒至少要有 3% 實體紅，才算有效站上。	• 跌破 20 日線之前，第一波漲幅需達 30% 以上。	• 跌破 20 日線後三天內站回 20 日線，表示力道比較強，即可買進。 • 跌破 20 日線後一段時間才站回 20 日線，可先觀察一兩週，確認站回再買進。	• 達目標價（盤中有碰到就算），依照預估漲幅所對應的比例，收盤先部分停利；當天漲停則隔天開盤賣出。 • 若未達目標價就跌破 20 日線，直接出清。	• 守 20 日線，跌破即出場，小破可續抱。

圖表 4-33　穿山惡龍分批停利操作 SOP

　　另外，由於穿山惡龍型態是先整理、後突破，投資人再趁拉回進場，這個過程可能重複出現，所以若在盤整期間，再次長紅（漲 5% 以上）突破（也就是第 3 章介紹的飛龍突破），還可以依個人習慣選擇加碼（見圖表 4-34），停損停利一樣是看目標價或 20 日線。

　　突破收實體紅（編按：指收盤價為當日最高價）的力道會比較強、

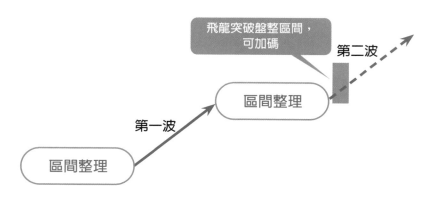

圖表 4-34　穿山惡龍型態加碼點：飛龍突破盤整區間

比較紮實，第一天如果收上影線紅 K，隔天最好持續收紅 K，才能把力道延續下去。

　　停利下車之後，其實就不用太關心後續走勢了，因為往往會趨緩、整理，即使真的有機會再爬起來，也需要一點時間去醞釀下一波行情。若我們一心認定還會再漲，選擇死守同一支穿山惡龍股，就可能在醞釀期間錯過很多好股票，無法有效利用資金。

穿山惡龍特性：

　　第一波上漲至少 30% 後跌破 20 日線，但後續又站回 20 日線（至少要有 3% 實體紅才算有效站上）。

買進時機：

　　1. 跌破 20 日線後三天內站回，表示力道比較強，即可買進。

　　2. 破線後一段時間才站回，可先觀察一兩週，確認站回再買進。

　　3. 當盤整期間出現飛龍突破，則可加碼。

賣出時機：

　　1. 分批停利：達到目標價，可先部分停利。

　　2. 統一出清：跌破 20 日線全部出清。

範例說明，化被動出場為主動

在本節最後，我一樣舉幾個例子，讓大家更清楚如何計算與操作。

❶ 圓剛 2417

　　區間整理了一段時間，2023/9/12 突破往上，第一波高低點漲幅達 80.2%，可計算第二波目標漲幅為 90.1%，如果達標的話，要先賣出 70%，剩餘守 20 日線。

　　10/20 跌破 20 日線，三天內就站回了，於 10/24 站上 20 日線以 30.5 元買進；站上 20 日線的 K 棒低點為 29.5 元，由目標漲幅 90.1% 可算出目標價 56.1 元。期間可能被洗再重進，然而在達標之前，12/12 已明顯跌破 20 日線應出清，收盤賣在 36.7 元，報酬率 20.3%（見圖表 4-35、4-36）。

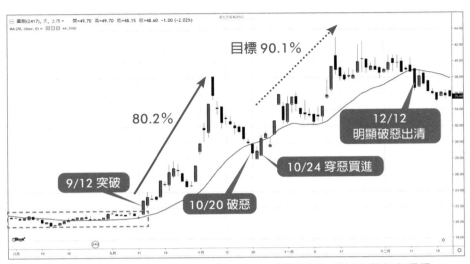

圖表 4-35　圓剛（2417）2023 年 9 ～ 12 月日線圖，穿山惡龍操作過程

操作標的	起漲低點	第一波高點	第一波漲幅
圓剛（2417）	21.2 元（9/12）	38.2 元（10/5）	80.2%

第二波目標漲幅計算：50 × 1.802 = 90.1 → 90.1%

達標後先停利比例	第二波低點 ×（1 ＋目標漲幅）= 目標價		
70%	29.5 元 ×（1 ＋ 90.1%）= 56.1 元		
穿惡收盤買進	達標日期及賣價	出清日期及賣價	平均報酬率
10/24，30.5 元買	未達標	12/12，36.7 元賣	20.3%

圖表 4-36　圓剛（2417）穿山惡龍操作價格位置

❷ 大宇資 6111

2023/4/28 往上突破整理區間，第一波高低點漲幅達 42.5%，計算得出第二波目標漲幅 71.3%，若達標就先停利一半，剩餘守 20 日線。

5/25 跌破 20 日線，隔週才站回，可確認站穩再進場，此處先取 6/1 站上 20 日線以 86.8 元買進；站上 20 日線的 K 棒低點為 81.2 元，由目標漲幅 71.3% 可算出目標價 139.1 元。可惜一路抱到 7/19 明顯跌破 20 日線仍無達標，應全部出清，賣在 98.8 元，報酬率 13.8%，不過後續大跌，先出清剛好能夠避開這一大段跌勢（見圖表 4-37、4-38）。

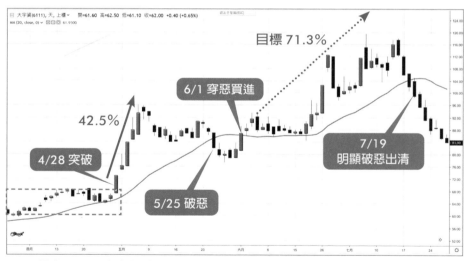

圖表 4-37　大宇資（6111）2023 年 4 ～ 7 月日線圖，穿山惡龍操作過程

操作標的	起漲低點	第一波高點	第一波漲幅
大宇資（6111）	67.3 元（4/28）	95.9 元（5/5）	42.5%

第二波目標漲幅計算：50 × 1.425 = 71.25　→71.3%

達標後先停利比例	第二波低點 ×（1 ＋目標漲幅）＝ 目標價		
50%	81.2 元 ×（1 ＋ 71.3%）＝ 139.1 元		

穿惡收盤買進	達標日期及賣價	出清日期及賣價	平均報酬率
6/1，86.8 元買	未達標	7/19，98.8 元賣	13.8%

圖表 4-38　大宇資（6111）穿山惡龍操作價格位置

❸ 新建 2516

　　低檔盤整近半年後，2023/8/8 突破，第一波高低點漲幅達 51%，可計算第二波目標漲幅為 75.5%，若達標就先停利一半，剩餘守 20 日線。

　　9/15 跌破 20 日線之後，好一段時間才站回，可確認站穩再進場，此處先取 10/11 站上 20 日線以 7.85 元買進；站上 20 日線的 K 棒低點為 7.32 元，由目標漲幅 75.5% 可算出目標價 12.85 元。過程中僅小破就續抱，11/21 達標可先賣出一半，但因當天漲停，所以改在隔天開盤 12.1 元賣出，剩餘守 20 日線，最終於 2024/1/9 跌破 20 日線出清，賣在 13.3 元，平均報酬率 61.8%（見圖表 4-39、4-40）。

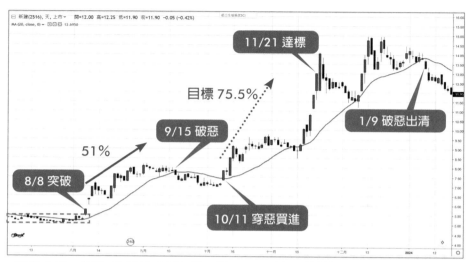

圖表 4-39　新建（2516）2023 年 8 月～ 2024 年 1 月日線圖，穿山惡龍操作過程

操作標的	起漲低點	第一波高點	第一波漲幅
新建（2516）	5.43 元（8/8）	8.20 元（9/4）	51%
第二波目標漲幅計算：50 × 1.51 = 75.5　→75.5%			
達標後先停利比例	第二波低點 ×（1＋目標漲幅）＝ 目標價		
50%	7.32 元 ×（1＋75.5%）＝ 12.85 元		
穿惡收盤買進	達標日期及賣價	出清日期及賣價	平均報酬率
10/11，7.85 元買	11/21，隔天開盤 12.1 元賣 50%	1/9，13.3 元賣完	61.8%

圖表 4-40　新建（2516）穿山惡龍操作價格位置

❹ 晟銘電 3013

潛水了一段時間後，2023/5/25 往上突破，第一波高低點漲幅達42%，可計算第二波目標漲幅為71%，如果達標的話，就先停利50%，剩餘守20日線。

6/26 跌破20日線之後，沒幾天就站回了，於6/29 站上20日線以29.25 元買進；站上20日線的K棒低點為27.8 元，由目標漲幅71% 可算出目標價47.5 元。接下來沿路上漲，7/17 達標可先以47.4 元出一半，剩餘一半則抱到8/1 明顯跌破20日線再出清，賣在44.3 元，平均報酬率56.8%（見圖表4-41、4-42）。

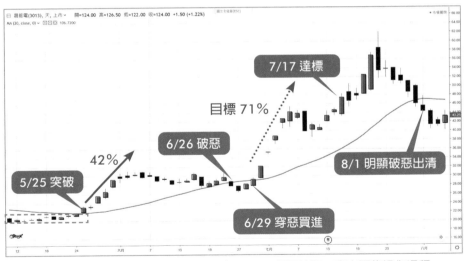

圖表 4-41　晟銘電（3013）2023 年 5 ～ 8 月日線圖，穿山惡龍操作過程

操作標的	起漲低點	第一波高點	第一波漲幅
晟銘電（3013）	21.9 元（5/25）	31.1 元（6/2）	42%

第二波目標漲幅計算：50 × 1.42 = 71 → 71%

達標後先停利比例	第二波低點 ×（1 ＋目標漲幅）＝ 目標價		
50%	27.8 元 ×（1 ＋ 71%）＝ 47.5 元		

穿惡收盤買進	達標日期及賣價	出清日期及賣價	平均報酬率
6/29，29.25 元買	7/17，47.4 元賣 50%	8/1，44.3 元賣完	56.8%

圖表 4-42　晟銘電（3013）穿山惡龍操作價格位置

⑤ 鼎天 3306

　　2023/5/22 突破站上區間，第一波高低點漲幅達 48.1%，可計算第二波目標漲幅為 74.1%，若是達標就先停利 50%，剩餘守 20 日線。

　　6/28 跌破 20 日線之後，三天內就站回，於 7/3 站上 20 日線以 37.6 元買進；站上 20 日線的 K 棒低點為 35.55 元，由目標漲幅 74.1% 可算出目標價 61.9 元。後續小破兩次仍可續抱，直到 8/17 達標先賣出一半，但因這天漲停，所以改在隔天開盤以 68.9 元賣出；另一半則等 9/8 明顯跌破 20 日線再出清，賣在 55.8 元，平均報酬率 65.8%（見圖表 4-43、4-44）。

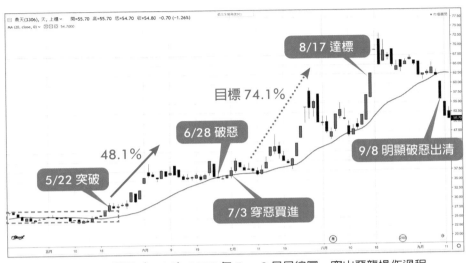

圖表 4-43　鼎天（3306）2023 年 5 ～ 9 月日線圖，穿山惡龍操作過程

操作標的	起漲低點	第一波高點	第一波漲幅
鼎天（3306）	27.05 元（5/22）	40.05 元（6/26）	48.1%

第二波目標漲幅計算：50 × 1.481 = 74.1 　→ 74.1%

達標後先停利比例	第二波低點 ×（1 ＋目標漲幅）＝ 目標價		
50%	35.55 元 ×（1 ＋ 74.1%）＝ 61.9 元		

穿惡收盤買進	達標日期及賣價	出清日期及賣價	平均報酬率
7/3，37.6 元買	8/17，隔天開盤 68.9 元賣 50%	9/8，55.8 元賣完	65.8%

圖表 4-44　鼎天（3306）穿山惡龍操作價格位置

❻ 兆利 3548

　　潛水了好一段時間，終於在 2023/9/1 往上突破，第一波高低點漲幅達 62.2%，可計算第二波目標漲幅為 81.1%，達標的話先停利 60%，剩餘守 20 日線。

　　10/11 跌破 20 日線之後，隔天立刻站回，以 138.5 元進場；站上20 日線的 K 棒低點為 134 元，由目標漲幅 81.1% 可算出目標價 242.7 元。後續小破 20 日線續抱，11/28 達標，又因這天漲停，故於隔天開盤以248 元賣出 60%，剩餘 40% 則抱到 12/13 明顯跌破 20 日線出清，賣在199.5 元，平均報酬率 65.1%（見圖表 4-45、4-46）。

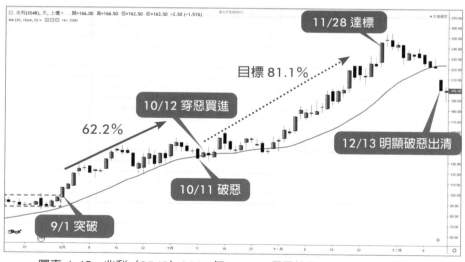

圖表 4-45　兆利（3548）2023 年 9 ～ 12 月日線圖，穿山惡龍操作過程

操作標的	起漲低點	第一波高點	第一波漲幅
兆利（3548）	94 元（9/1）	152.5 元（10/3）	62.2%

第二波目標漲幅計算：50 × 1.622 = 81.1　→81.1%

達標後先停利比例	第二波低點 ×（1 ＋目標漲幅）＝ 目標價		
60%	134 元 ×（1 ＋ 81.1%）＝ 242.7 元		

穿惡收盤買進	達標日期及賣價	出清日期及賣價	平均報酬率
10/12，138.5 元買	11/28，隔天開盤 248 元賣 60%	12/13，199.5 元賣完	65.1%

圖表 4-46　兆利（3548）穿山惡龍操作價格位置

❼ 系微 6231

　　2023/7/26 跳空突破整理區間，但因跳空即漲停，所以要用前一天；也就是 7/25 的低點來計算第一波漲幅，得出 50%，進而算出第二波目標漲幅為 75%，若達標要先停利 50%，剩餘守 20 日線。

　　8/10 跌破 20 日線後，好幾天才站回，此處先取 8/17 站上 20 日線以 141.5 元買進；站上 20 日線的 K 棒低點為 130.5 元，由目標漲幅 75% 可算出目標價 228.4 元。期間小破可續抱，明顯跌破就出清；若又站回，就看給自己幾次進場機會，用完為止。

　　三次進出下來，雖也虧損過，但第三次進場後，於 12/20 達標先在 224.5 元停利一半，最後在 2024/1/17 跌破 20 日線，以 260.5 元出清剩下一半。此次報酬率超過 40%，結合前兩次的報酬率，整體損益為正（見圖表 4-47、4-48）。

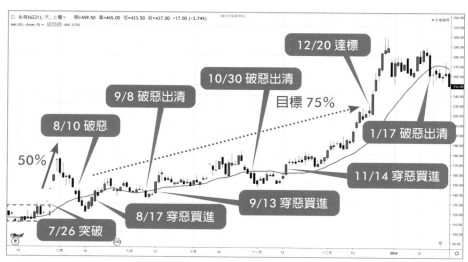

圖表 4-47 系微（6231）2023 年 7 月～ 2024 年 1 月日線圖，穿山惡龍操作過程

操作標的	起漲低點	第一波高點	第一波漲幅
系微（6231）	117 元（7/25）	175.5 元（8/1）	50%

第二波目標漲幅計算：50 × 1.5 = 75　→75%

達標後先停利比例	第二波低點 ×（1 ＋目標漲幅）＝ 目標價		
50%	130.5 元 ×（1 ＋ 75%）＝ 228.4 元		

穿惡收盤買進	達標日期及賣價	出清日期及賣價	平均報酬率
8/17，141.5 元買	未達標	9/8，135.5 元賣	-4.2%
9/13，151 元買	未達標	10/30，155.5 元賣	3%
11/14，169.5 元買	12/20，224.5 元賣 50%	1/17，260.5 元賣完	43.1%

圖表 4-48 系微（6231）穿山惡龍操作價格位置

❽ 驊訊 6237

2023/10/16 往上突破整理區間，第一波高低點漲幅達 35.9%，可計算第二波目標漲幅為 68%，若達標先停利一半，剩餘守 20 日線。

11/8 跌破 20 日線之後，好幾天後才出長紅站回，此處先取 11/17 站上 20 日線以 51.8 元買進；站上 20 日線的 K 棒低點為 47.5 元，由目標漲幅 68% 可算出目標價為 79.8 元。可惜期間並未達標，到了 12/15 明顯跌破 20 日線出清，賣在 56.6 元，報酬率 9.3%（見圖表 4-49、4-50）。

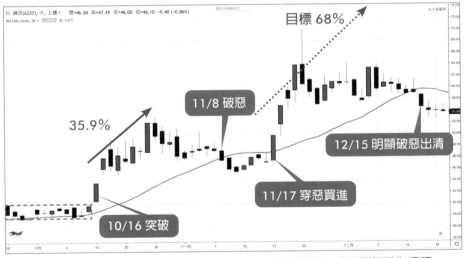

圖表 4-49 驊訊（6237）2023 年 10～12 月日線圖，穿山惡龍操作過程

操作標的	起漲低點	第一波高點	第一波漲幅
驊訊（6237）	40.4 元（10/16）	54.9 元（10/26）	35.9%

第二波目標漲幅計算：50 × 1.359 = 68　→68%

達標後先停利比例	第二波低點 ×（1 ＋目標漲幅）＝ 目標價		
50%	47.5 元 ×（1 ＋ 68%）＝ 79.8 元		

穿惡收盤買進	達標日期及賣價	出清日期及賣價	平均報酬率
11/17，51.8 元買	未達標	12/15，56.6 元賣	9.3%

圖表 4-50　驊訊（6237）穿山惡龍操作價格位置

⑨ 芯鼎 6695

於 2023/11/16 往上突破整理區間，第一波高低點漲幅達 39.9%，可計算第二波目標漲幅為 70%，若達標先停利一半，剩餘守 20 日線。

隨後在 12/15 跌破 20 日線，過了幾天才長紅站回，此處先取 12/25 站上 20 日線進場，買在 64.5 元；站上 20 日線的 K 棒低點為 60.5 元，由目標漲幅 70% 可算出目標價 102.9 元。最後在 2024/2/21 明顯跌破 20 日線出清，賣在 83.9 元，雖未達標就出場，但也因此避開了後面大段跌勢，報酬率 30.1%（見圖表 4-51、4-52）。

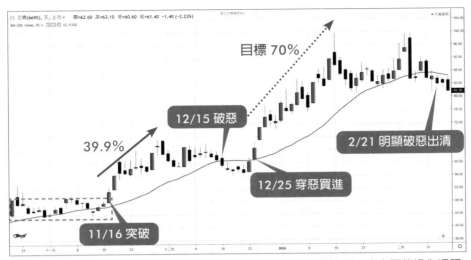

圖表 4-51　芯鼎（6695）2023 年 11 月～ 2024 年 2 月日線圖，穿山惡龍操作過程

操作標的	起漲低點	第一波高點	第一波漲幅
芯鼎（6695）	47.95 元（11/16）	67.1 元（11/30）	39.9%

第二波目標漲幅計算：50 × 1.399 = 70 → 70%

達標後先停利比例	第二波低點 ×（1 ＋目標漲幅）= 目標價		
50%	60.5 元 ×（1 ＋ 70%）= 102.9 元		

穿惡收盤買進	達標日期及賣價	出清日期及賣價	平均報酬率
12/25，64.5 元買	未達標	2/21，83.9 元賣	30.1%

圖表 4-52　芯鼎（6695）穿山惡龍操作價格位置

⑩ 安國 8054

　　價格於 2023/10/25 往上跳空突破整理區間，取前一天的低點計算，第一波高低點漲幅達 158.8%，可計算第二波目標漲幅為 129.4%，若達標先停利 80%，剩餘守 20 日線。

　　隨後在 12/15 跌破 20 日線，雖隔天立刻站回，但因 K 棒實體不到 3%，可多觀察一下，等 12/20 站穩再以 94.8 元買進；該日 K 棒的低點為 87.7 元，由目標漲幅 129.4% 可算出目標價 201.2 元。後續一路續抱到 2024/2/2 達標，又因為這天漲停，故於隔天開盤先以 224 元出80%，剩餘 20% 則抱到 2/21 跌破 20 日線出清，賣在 154 元，平均報酬率高達 121.5%（見圖表 4-53、4-54）。

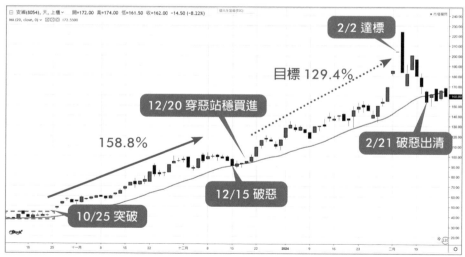

圖表 4-53　安國（8054）2023 年 10 月～ 2024 年 2 月日線圖，穿山惡龍操作過程

操作標的	起漲低點	第一波高點	第一波漲幅
安國（8054）	40 元（10/24）	103.5 元（12/8）	158.8%

第二波目標漲幅計算：50 × 2.588 = 129.4 →129.4%

達標後先停利比例	第二波低點 ×（1 ＋目標漲幅）＝ 目標價		
80%	87.7 元 ×（1 ＋ 129.4%）＝ 201.2 元		

穿惡收盤買進	達標日期及賣價	出清日期及賣價	平均報酬率
12/20，94.8 元買	2/2，隔天開盤 224 元賣 80%	2/21，154 元賣完	121.5%

圖表 4-54　安國（8054）穿山惡龍操作價格位置

⑪ 中華化 1727

於 2023/4/24 突破整理區間之後，第一波高低點漲幅達 55.1%，可計算第二波目標漲幅為 77.6%，若達標可先停利一半。

接著 5/30 跌破 20 日線，但很快就長紅站上 20 日線，可在 6/1 以 43.25 元買進，看起來很強勢對吧？沒想到不僅沒有達標（站上 20 日線的 K 棒低點為 39.25 元，由目標漲幅 77.6% 可算出目標價 69.7 元），後續還一路下跌，直到 6/12 明顯跌破 20 日線出清，賣在 37.7 元，虧損了 12.8%，不過倒也避開了後面的一大段下跌（見圖表 4-55、4-56）。

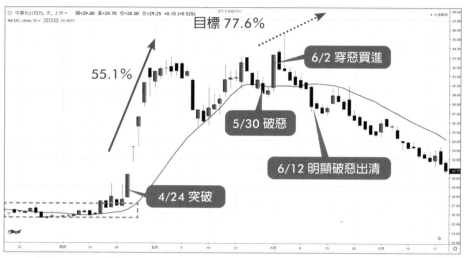

圖表 4-55　中華化（1727）2023 年 4 ～ 6 月日線圖，穿山惡龍操作過程

操作標的	起漲低點	第一波高點	第一波漲幅
中華化（1727）	27.75 元（4/24）	43.05 元（5/24）	55.1%

第二波目標漲幅計算：50 × 1.551 = 77.6　→77.6%

達標後先停利比例	第二波低點 ×（1 ＋目標漲幅）＝ 目標價		
50%	39.25 元 ×（1 ＋ 77.6%）＝ 69.7 元		

穿惡收盤買進	達標日期及賣價	出清日期及賣價	平均報酬率
6/1，43.25 元買	未達標	6/12，37.7 元賣	-12.8%

圖表 4-56　中華化（1727）穿山惡龍操作價格位置

⑫ 鳳凰 5706

於 2023/5/23 突破盤整區間，第一波高低點漲幅達 83.3%，可計算第二波目標漲幅為 91.7%，若達標可先停利 70%。

漲了一大段後，6/27 跌破 20 日線，但隔天就站回，只是 K 棒實體不到 3%，故多觀察一天，6/29 有效站上再以 113 元買進；站上 20 日線的 K 棒低點為 110 元，由目標漲幅 91.7% 可算出目標價 210.9 元。沒想到買進第三天（7/4），就明顯跌破 20 日線，出清在 109 元，虧損 3.5%。

接下來，股價不斷下跌，幾乎沒有反彈，若沒有及早停損的話，虧損都會大於 2%（見圖表 4-57、4-58）。

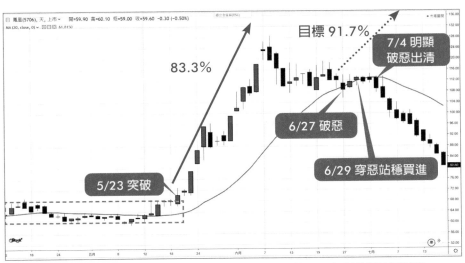

圖表 4-57　鳳凰（5706）2023 年 5 ～ 7 月日線圖，穿山惡龍操作過程

操作標的	起漲低點	第一波高點	第一波漲幅
鳳凰（5706）	70.1 元（5/23）	128.5 元（6/8）	83.3%

第二波目標漲幅計算：50 × 1.833 = 91.65 → 91.7%

達標後先停利比例	第二波低點 ×（1 ＋目標漲幅）＝ 目標價		
70%	110 元 ×（1 ＋ 91.7%）＝ 210.9 元		

穿惡收盤買進	達標日期及賣價	出清日期及賣價	平均報酬率
6/29，113 元買	未達標	7/4，109 元賣	-3.5%

圖表 4-58　鳳凰（5706）穿山惡龍操作價格位置

　　看過上述例子，我們可以發現，像這樣有目標性地分批出場，留一點守 20 日線，即使後續再噴出也不會可惜，既有合理獲利入袋，還不必追高，以免追了又要提心吊膽，怕自己買在高點。

　　而且遵照 SOP，該停損時就停損，往往能在大跌之前提前下車，不至於被套牢，還有資金投入下一檔標的。如此增加獲利、減少虧損，終究能夠達到大賺小賠，穩健獲利。

　　此外，我們還能進一步思考：會不會遇到差一點點到目標價、最後沒賺到這麼多的狀況？如果不想把目標價訂得太高，應該怎麼做？

　　其實可以調整一下目標漲幅計算公式的參數，本來是 50 ×（100 ＋第一波漲幅）%，只要將 50 改成小一點的數字，目標價就會低一點，例如 30 或 40，都可以調整並回測看看，或許績效更好，又或者更適合自己也不一定。

4-3 賣出的時機，哪一種方式更好？

　　在前面兩節，分別說明了穿山惡龍的基本操作邏輯，以及較進階的達標分批出場法，不曉得大家有沒有注意到，我舉的例子都是同樣的股票。至於哪種方式的表現比較好？正是本節的重點。

兩種出場法的獲利比較（結果為賺）

❶ 圓剛 2417

　　第一波漲幅 80.2%，可計算第二波漲幅 90.1%，目標價 56.1 元。

　　2023/10/24 站上 20 日線，當天收盤買在 30.5 元，但在跌破 20 日線之前並未達標，因此未執行分批停利，最後於 12/12 明顯跌破 20 日線，收盤以 36.7 元出清，報酬率 20.3%（見圖表 4-59、4-60）。

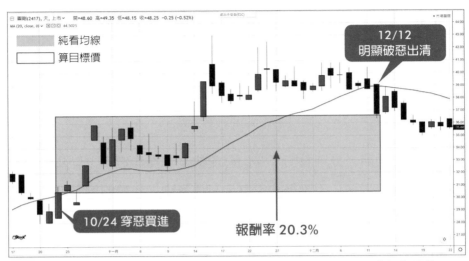

圖表 4-59　圓剛（2417）2023 年 10 ~ 12 月日線圖，穿山惡龍操作過程

操作標的：圓剛（2417）10/24，30.5 元買			
純看均線		算目標價	
出清	12/12，36.7 元賣	分批停利	未達標
		出清	12/12，36.7 元賣 100%
報酬率	20.3%	平均報酬率	20.3%

圖表 4-60　圓剛（2417）穿山惡龍操作法比較

❷ 大宇資 6111

　　第一波漲幅 42.5%，可計算第二波漲幅 71.3%，目標價 139.1 元。

　　2023/6/1 站上 20 日線，當天收盤買在 86.8 元，但在跌破 20 日線之前並未達標，所以未執行分批停利，最後於 7/19 明顯跌破 20 日線，收盤以 98.8 元出清，報酬率 13.8%（見圖表 4-61、4-62）。

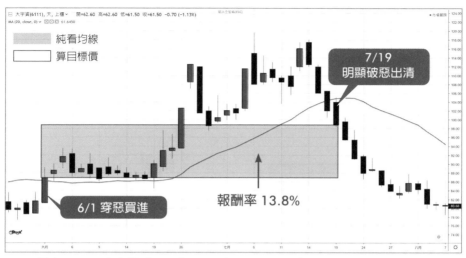

圖表 4-61　大宇資（6111）2023 年 6 ～ 7 月日線圖，穿山惡龍操作過程

操作標的：大宇資（6111）
6/1，86.8 元買

純看均線		算目標價	
出清	7/19，98.8 元賣	分批停利	未達標
		出清	7/19，98.8 元賣 100%
報酬率	13.8%	平均報酬率	13.8%

圖表 4-62　大宇資（6111）穿山惡龍操作法比較

❸ 新建 2516

第一波漲幅 51%，可計算第二波漲幅 75.5%，目標價 12.85 元。

2023/10/11 站上 20 日線，當天收盤買在 7.85 元，接下來有兩種結果：

▶ **純看均線**：於 2024/1/9 跌破 20 日線出清，收盤賣在 13.3 元，報酬率 69.4%。

▶ 算目標價：2023/11/21 達標，但因當天漲停，故於隔天開盤以 12.1 元賣掉 50%，剩餘 50% 於 2024/1/9 跌破 20 日線出清，收盤賣在 13.3 元，平均報酬率 61.8%（見圖表 4-63、4-64）。

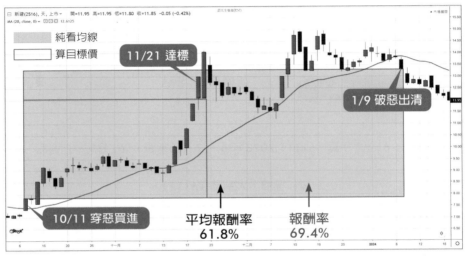

圖表 4-63　新建（2516）2023 年 10 月～ 2024 年 1 月日線圖，穿山惡龍操作過程

操作標的：新建（2516） 10/11，7.85 元買				
純看均線			算目標價	
出清	1/9，13.3 元賣	分批停利	11/22，12.1 元賣 50%	
		出清	1/9，13.3 元賣 50%	
報酬率	69.4%	平均報酬率	61.8%	

圖表 4-64　新建（2516）穿山惡龍操作法比較

❹ 晟銘電 3013

第一波漲幅 42%，可計算第二波漲幅 71%，目標價 47.5 元。

2023/6/29 站上 20 日線，當天收盤買在 29.25 元，接下來有兩種結果：

▶ 純看均線：於 8/1 跌破 20 日線出清，賣在 44.3 元，報酬率為 51.5%。

▶ 算目標價：7/17 達標，先以收盤價 47.4 元賣掉 50%，剩餘 50% 於 8/1 明顯跌破 20 日線出清，收盤賣在 44.3 元，平均報酬率 56.8%（見圖表 4-65、4-66）。

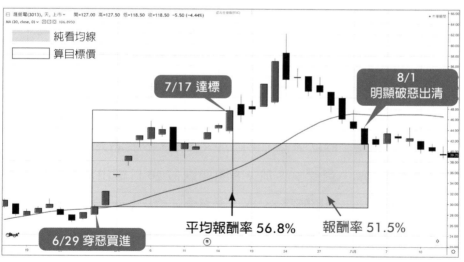

圖表 4-65　晟銘電（3013）2023 年 6 ～ 8 月日線圖，穿山惡龍操作過程

操作標的：晟銘電（3013）6/29，29.25 元買				
純看均線		算目標價		
出清	8/1，44.3 元賣	分批停利	7/17，47.4 元賣 50%	
		出清	8/1，44.3 元賣 50%	
報酬率	51.5%	平均報酬率	56.8%	

圖表 4-66　晟銘電（3013）穿山惡龍操作法比較

相關閱讀：
【HiStock 專訪】阿宏同學：系統化操作，晟銘電（3013）獲利 224 萬、安勤（3479）獲利 145 萬！

❺ 鼎天 3306

第一波漲幅 48.1%，可計算第二波漲幅 74.1%，目標價 61.9 元。

2023/7/3 站上 20 日線，當天收盤買在 37.6 元，接下來有兩種結果：

▶ **純看均線**：於 9/8 跌破 20 日線出清，賣在 55.8 元，報酬率為 48.4%。

▶ **算目標價**：8/17 達標，但因當天漲停，故於隔天開盤以 68.9 元賣掉 50%，剩餘 50% 於 9/8 明顯跌破 20 日線出清，收盤賣在 55.8 元，平均報酬率 65.8%（見圖表 4-67、4-68）。

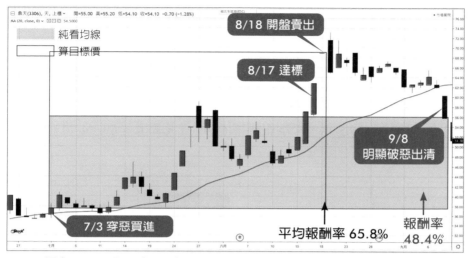

圖表 4-67　鼎天（3306）2023 年 7 ～ 9 月日線圖，穿山惡龍操作過程

操作標的：鼎天（3306） 7/3，37.6 元買			
純看均線		算目標價	
出清	9/8，55.8 元賣	分批停利	8/18，68.9 元賣 50%
		出清	9/8，55.8 元賣 50%
報酬率	48.4%	平均報酬率	65.8%

圖表 4-68　鼎天（3306）穿山惡龍操作法比較

❻ 兆利 3548

第一波漲幅 62.2%，可計算第二波漲幅 81.1%，目標價 242.7 元。

2023/10/12 站上 20 日線，當天收盤買在 138.5 元，接下來有兩種結果：

- **純看均線**：於 12/13 跌破 20 日線出清，賣在 199.5 元，報酬率 44%。
- **算目標價**：11/28 達標，不過因為這天漲停，故於隔天開盤以 248 元賣掉 60%，剩餘 40% 於 12/13 明顯跌破 20 日線出清，收盤賣在 199.5 元，平均報酬率 65.1%（見圖表 4-69、4-70）。

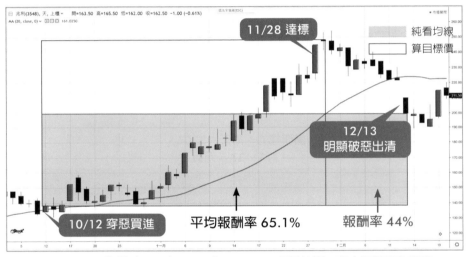

圖表 4-69　兆利（3548）2023 年 10 ～ 12 月日線圖，穿山惡龍操作過程

操作標的：兆利（3548） 10/12，138.5 元買				
純看均線		算目標價		
出清	12/13，199.5 元賣	分批停利	11/28，248 元賣 60%	
		出清	12/13，199.5 元賣 40%	
報酬率	44%	平均報酬率	65.1%	

圖表 4-70　兆利（3548）穿山惡龍操作法比較

❼ 系微 6231

第一波漲幅 50%，可計算第二波漲幅 75%，目標價 228.4 元。

2023/8/17 首次站上 20 日線，當天收盤買在 141.5 元，接下來有兩種結果：

▶ 純看均線：於 9/8 跌破 20 日線出清，賣在 135.5 元，虧損 4.2%。9/13 再站上 20 日線，151 元買進；10/30 跌破 20 日線，155.5 元出清，報酬率 3%。11/14 又站上 20 日線，169.5 元買進；1/17 跌破 20 日線，260.5 元出清，報酬率 53.7%。

▶ 算目標價：前兩次未達標，但一樣跌破 20 日線出清，分別虧損 4.2% 和獲利 3%。到了第三次，11/14 站上 20 日線，收盤 169.5 元買進後，12/20 達標先以收盤價 224.5 元賣掉 50%，剩餘 50% 於 2024/1/17 跌破 20 日線出清，收盤賣在 260.5 元，平均報酬率 43.1%（見圖表 4-71、4-72）。

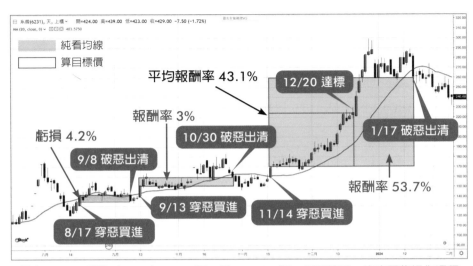

圖表 4-71　系微（6231）2023 年 8 月～ 2024 年 1 月日線圖，穿山惡龍操作過程

| 操作標的：系微（6231） |||||
| ① 8/17，141.5 元買 ② 9/13，151 元買 ③ 11/14，169.5 元買 |||||

純看均線		算目標價		
出清①	9/8，135.5 元賣	分批停利①	未達標	
		出清①	9/8，135.5 元賣 100%	
出清②	10/30，155.5 元賣	分批停利②	未達標	
		出清②	10/30，155.5 元賣 100%	
出清③	1/17，260.5 元賣	分批停利③	12/20，224.5 元賣 50%	
		出清③	1/17，260.5 元賣 50%	
報酬率	① -4.2% ② 3% ③ 53.7%	平均報酬率	① -4.2% ② 3% ③ 43.1%	

圖表 4-72　系微（6231）穿山惡龍操作法比較

8 驊訊 6237

第一波漲幅 35.9%，可計算第二波漲幅 68%，目標價 79.8 元。

2023/11/17 站上 20 日線，當天收盤買在 51.8 元，但在跌破 20 日線之前並未達標，因此未執行分批停利，最後於 12/15 明顯跌破 20 日線，收盤以 56.6 元出清，報酬率 9.3%（見圖表 4-73、4-74）。

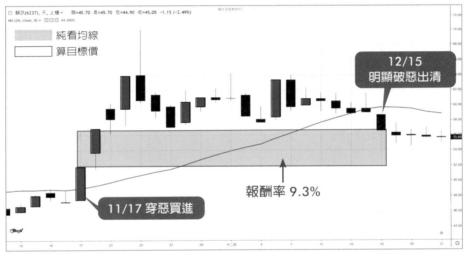

圖表 4-73　驊訊（6237）2023 年 11～12 月日線圖，穿山惡龍操作過程

操作標的：驊訊（6237）
11/17，51.8 元買

純看均線		算目標價	
出清	12/15，56.6 元賣	分批停利	未達標
		出清	12/15，56.6 元賣 100%
報酬率	9.3%	平均報酬率	9.3%

圖表 4-74　驊訊（6237）穿山惡龍操作法比較

❾ 芯鼎 6695

第一波漲幅 39.9%，可計算第二波漲幅 70%，目標價 102.9 元。

2023/12/25 站上 20 日線，當天收盤買在 64.5 元，但在跌破 20 日線之前並未達標，所以未執行分批停利，最後於 2024/2/21 明顯跌破 20 日線，收盤以 83.9 元出清，報酬率 30.1%（見圖表 4-75、4-76）。

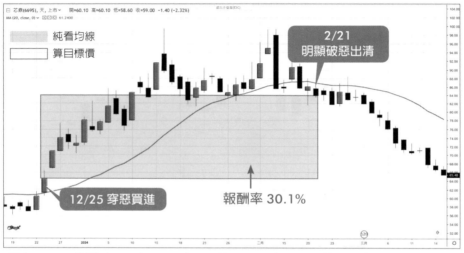

圖表 4-75　芯鼎（6695）2023 年 12 月～ 2024 年 2 月日線圖，穿山惡龍操作說明

操作標的：芯鼎（6695）
12/25，64.5 元買

純看均線		算目標價	
出清	2/21，83.9 元賣	分批停利	未達標
		出清	2/21，83.9 元賣
報酬率	30.1%	平均報酬率	30.1%

圖表 4-76　芯鼎（6695）穿山惡龍操作法比較

⑩ 安國 8054

第一波漲幅 158.8%，可計算第二波漲幅 129.4%，目標價 201.2 元。

2023/12/20 站穩 20 日線，收盤買在 94.8 元，接下來有兩種結果：

▶ 純看均線：於 2024/2/21 跌破 20 日線出清，賣在 154 元，報酬率 62.4%。

▶ 算目標價：2024/2/2 達標，但因為這天漲停，所以隔天開盤再以 224 元賣出 80%，剩餘 20% 於 2/21 跌破 20 日線出清，收盤賣在 154 元，平均報酬率 121.5%（見圖表 4-77、4-78）。

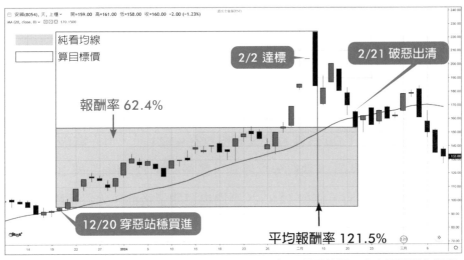

圖表 4-77　安國（8054）2023 年 12 月～2024 年 2 月日線圖，穿山惡龍操作過程

操作標的：安國（8054） 12/20，94.8 元買			
純看均線		算目標價	
出清	2/21，154 元賣	分批停利	2/2，224 元賣 80%
		出清	2/21，154 元賣 20%
報酬率	62.4%	平均報酬率	121.5%

圖表 4-78　安國（8054）穿山惡龍操作法比較

相關閱讀：
征戰 IC 王安國（8054），用 80 萬操作獲利 41 萬（50%）。

兩種出場法的獲利比較（結果為賠）

❶ 中華化 1727

第一波漲幅 55.1%，可計算第二波漲幅 77.6%，目標價 69.7 元。

2023/6/1 站上 20 日線，當天收盤買在 43.25 元，但在跌破 20 日線之前並未達標，因此未執行分批停利，最後於 6/12 明顯跌破 20 日線，收盤以 37.7 元出清，虧損 12.8%，不過也避開了後面一大段下跌（見圖表 4-79、4-80）。

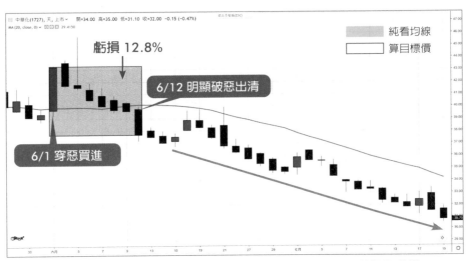

圖表 4-79　中華化（1727）2023 年 6 月日線圖，穿山惡龍操作過程

操作標的：中華化（1727） 6/1，43.25 元買			
純看均線		算目標價	
出清	6/12，37.7 元賣	分批停利	未達標
		出清	6/12，37.7 元賣 100%
報酬率	-12.8%	平均報酬率	-12.8%

圖表 4-80　中華化（1727）穿山惡龍操作法比較

❷ 鳳凰　5706

　　第一波漲幅 83.3%，可計算第二波漲幅 91.7%，目標價 210.9 元。

　　2023/6/28 站上 20 日線，但不足 3%，故等 6/29 站穩，才以收盤價 113 元買進，但在跌破 20 日線之前並未達標，因此未執行分批停利，最後於 7/4 明顯跌破 20 日線，收盤以 109 元出清，虧損 3.5%，不過也

避開了後面一大段下跌（見圖表 4-81、4-82）。

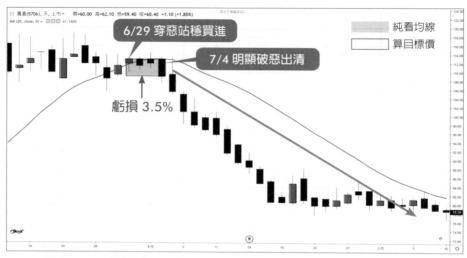

圖表 4-81　鳳凰（5706）2023 年 6 ～ 7 月日線圖，穿山惡龍操作過程

操作標的：鳳凰（5706） 6/29，113 元買			
純看均線		算目標價	
出清	7/4，109 元賣	分批停利	未達標
		出清	7/4，109 元賣 100%
報酬率	-3.5%	平均報酬率	-3.5%

圖表 4-82　鳳凰（5706）穿山惡龍操作價格位置

　　透過比較可以發現，在尚未達標之前，兩種方法的結果會是一樣的，真正的差異點在於達標之後。

　　達標之後若是繼續往上拉，快速將均線往上帶，那麼純看均線的

報酬率自然較高；反之，假如在達標之後，股價往上漲沒多久就跌破20日線，此時20日線的位置大多還在目標價之下，那麼依目標價分批停利的利潤就比較好了。

本章舉例的12個標的，除去未達標、兩種方法的報酬率相同者，我將操作結果整理如圖表4-83，可看到整體而言，分批停利的報酬率較高。

	穿山惡龍	
股票	純看均線的報酬率	算目標價的報酬率
新建（2516）	69.4%	61.8%
晟銘電（3013）	51.5%	56.8%
鼎天（3306）	48.4%	65.8%
兆利（3548）	44%	65.1%
系微（6231）	53.7%	43.1%
安國（8054）	62.4%	121.5%
總和	329.4%	414.1%

圖表 4-83　純看均線操作 VS 依目標價出清

但這也不是說純看均線操作毫無可取之處，對於沒時間計算目標價的投資人來說，純看均線操作更簡單，照樣能獲利，即使表現可能不比進階方式，那又有什麼關係呢？找到適合自己的方法最重要。

最後很快和大家分享一個近期績效不錯的例子（見圖表4-84）：新復興（4909）於 2024/6/19 長紅突破整理區間，第一波漲幅為

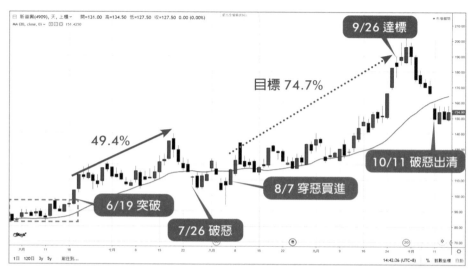

9/26 達標

目標 74.7%

49.4%

10/11 破惡出清

6/19 突破

8/7 穿惡買進

7/26 破惡

圖表 4-84　新復興（4909）日線圖，穿山惡龍操作過程

相關閱讀：
26 歲補教業小哥，本金 120 萬，新復興（4909）9 月獲利近百萬。

49.4%，第二波目標漲幅則是 74.7%，若達標就出一半，剩下一半守 20
日線。

　　之後在 8/7 穿惡，以收盤價 116.5 元買進，由低點 106.5 元可計算
目標價為 186 元。9/26 達標，收盤先以 183.5 元賣掉一半，剩下一半繼
續抱到 10/11 跌破 20 日線，收盤賣在 149.5 元，平均報酬率 42.9%（如
果純看均線操作，報酬率則只有 28.3%）。

在合理的設定下，賺取合理的報酬，就夠了

我在設計 SOP 時，都希望做到單純化，同時保有調整的彈性和變化，以免大家都用同一套方式，模式被看透後，容易被主力坑殺。不過，「保有彈性」並不表示交易時可以一再變化，這檔用這個參數，另一檔又換一套參數，這樣就不固定了，難以成為一套執行度高的 SOP。

那要怎麼斷定投資策略好不好？很簡單，把這個策略交給一個完全不懂股票的人，告訴對方買賣的條件，要對方照著條件交易。若你定期檢查的時候，發現經常獲利，就表示這個策略可行。

上面這樣說，意思並不是要大家把股票全部交給別人操作，而是強調要「克服心魔」。**操作時千萬不要受到情緒影響，要像面對一個和你無關的任務一樣，SOP 怎麼設定，就怎麼徹底執行**，即使失敗了，也有個基準可以檢討改進，這都是邁向穩健獲利的重要過程。

將操作法固定下來，看似很簡單，但能不能做到，又是另一回事了。有時候，不只是 SOP 的問題，還要考慮到投資人本身的個性。

比方說特別喜歡操作第 2 章與第 3 章介紹的飛龍技巧、停損動作很快的人，可能就會覺得本章介紹的波段操作雖然不需要花太多時間精力去盯盤，也可以避開複雜的洗盤動作，但過程相當難熬，想抱也抱不住；反之亦然，你若要一個無法盯盤的人做短線操作，他心裡難免壓力山大。

當然，也有的人操作靈活，不同週期的交易都能操作，我仍會建議分成不同帳號來動作，以免互相影響。例如做短線認賠出場，導致

波段持股也想跟著賣，那就滿可惜的。

謹記，穿山惡龍波段操作不追求買在最低，也不追求賣在最高，而是買在安全的地方，耐心等待噴出，目標價達陣即收割不戀戰，如此在合理的設定下賺取合理的報酬就夠了。操作股票最忌諱貪心，如果資金分散，每個月都有新的標的在布局、獲利出場，便會成為一個很好的循環。

大家真正要學的是一個邏輯、一個系統、一個 SOP，而不是一檔股票，那是沒有意義的，而且沒辦法長久。最重要的是學會之後，揣摩出自己獨一無二又符合邏輯的 SOP，至少買點不要一樣，就是一套成功的獲利方程式。

穿山惡龍 SOP 有什麼彈性空間？

▶ 純看 20 日線出場的話，小破 3% 以內還可以再觀察，也可以依照各人狀況，將小破容許的幅度，提升到 5% 以內。另外，還可用時間方式來判斷，比如跌破三日內再回 20 日線就續抱等等。

▶ 計算目標價並依此出場的話，可將目標漲幅計算公式「50×（100＋第一波漲幅）%」的 50 調降，例如 30、40 等，提高達標機會。

許多人總是懷抱著夢想，踏入投資這條路，
卻因為屢戰屢敗，慢慢地灰心離開，
能堅持到最後且開始穩健獲利的贏家，
永遠是少數。

第 **5** 章

加碼學習：
新手愛用的
隔日沖短線戰法

　　學生時期，大家最期待下課鐘響，畢竟專注力也到極限了，該好好放鬆一下，把睡著時滴到桌上的口水擦一擦。開長途車的時候，行駛了很久，也總是需要到休息站上個廁所、吃個東西。

　　飆股也是一樣，即使是強勢的飛龍，也可能飛累了、想休息一下，表現在線圖上，就是一波獲利的過程中出現黑 K，不見得會一路紅 K 拉到底。

　　黑 K 出現之後會再度往上噴，還是會弱掉轉跌呢？其實都有可能，因此漲勢中的黑 K 兼具嚇阻及醞釀的效果。不過，我發現只要符合特定型態，後續高機率上漲，黑 K 反倒是進場的絕佳機會。

　　市場上，很多投資人習慣追高，為什麼我們反而要收黑才進場？

　　想想看，假如你是短線操作者，某天追價買進某檔上漲股票，沒想到隔天不漲反跌，把你套住，你會不會萌生賣出的念頭？

　　主力要的正是這種效果，等散戶下車得差不多了，再順勢拉抬價格，讓你想賺賺不到，這就是甩轎。我們可以反過來利用這種慣性：突破後很多人追高？那我們就不追高。出黑 K 後，開始有人想出場？那就換我們進場。

黑飛舞短沖戰法，少掉兩天煎熬

　　延續漲勢黑 K 的邏輯，有一種型態高機率上漲，我稱為「黑飛舞」
──舞即 5 日線，整個照字面解釋，就是黑色的飛龍回到 5 日線。

　　黑色的飛龍，簡稱黑飛龍，意指飛龍突破之後（首日漲 5% 以上，
接著每日創高不破低），某日創新高但往下收黑，卻又沒有破低（見
圖表 5-1），也就是前面提到，兼具嚇阻及醞釀效果的黑 K。

　　當黑飛龍的下一根 K 棒未創高，但基本收在 5 日線之上（小破 2.5%
以內還可以再觀察），不管收盤時是跌（黑 K）或漲（紅 K），都算是
黑飛舞成形（見圖表 5-2），可於當日收盤進場。這是操作第一天。

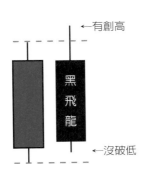

圖表 5-1　黑飛龍示意圖

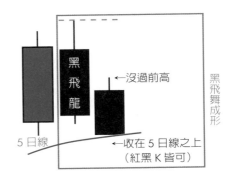

圖表 5-2　黑飛舞示意圖

　　操作第二天，我們要先觀察盤中最高獲利，也就是當天高點有多
高、有沒有漲停，來決定後續如何應對（見圖表 5-3、5-4）：

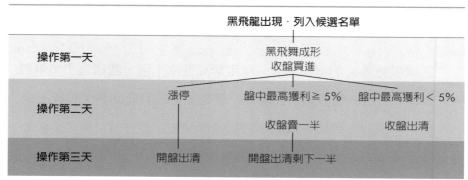

圖表 5-3　黑飛舞短沖 SOP

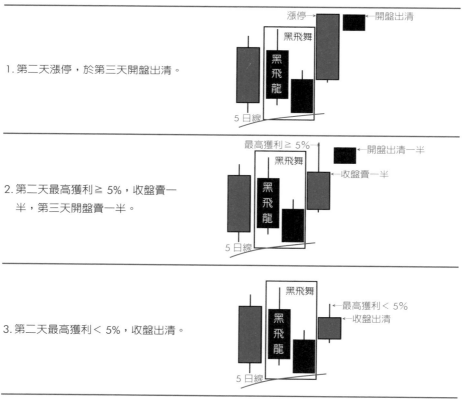

1. 第二天漲停，於第三天開盤出清。

2. 第二天最高獲利 ≧ 5%，收盤賣一半，第三天開盤賣一半。

3. 第二天最高獲利 < 5%，收盤出清。

圖表 5-4　黑飛舞短沖出場條件

- 漲停：上漲力道最強，但因為做的是短沖，所以也不會抱著，會在操作第三天開盤出清。
- **盤中最高獲利大於等於5%**：有一定的上漲力道，收盤可出一半，先把部分獲利放進口袋，操作第三天開盤再賣出剩下一半。
- **盤中最高獲利未達5%**：上漲力道沒那麼強，於操作第二天收盤出清。

以上只是最基本的SOP，歡迎大家依據自身狀況調整。比如傾向積極操作、頻繁換股的投資人，想要提高資金利用率，可以規定自己在操作第二天統一出清，不用到第三天開盤才賣。

又比如無法盯盤的上班族，不希望盤中5%目標達陣後獲利回吐，可以盤前預先設定，在漲5%先賣出一半，等吃完午餐、接近收盤時，再決定接下來如何操作。想分批分得更細也OK，比方說達到3%目標先出三分之一，達5%再出三分之一，最後三分之一於收盤出清。

有些人擔心碰上長黑、跌破黑飛舞低點，我會建議設定警示，或在10點前（10點之後成交量通常會變少）發現無法拉開獲利，就先收割入袋，以此免去大賠的可能。

實際上，黑飛舞的彈性空間很多，不同的黑飛舞模式，各有不同優勢，共同點是：如果遇到漲停，隔天開盤出清。

除了依照獲利多寡，判定收盤出一半、全出，還是隔天開盤出清，也可以預掛獲利3%～5%先出一半，把部分獲利先放入口袋，剩下等收盤、或是隔天開盤出清，兩種方法都適合不盯盤的投資人。

至於能夠盯盤的人，則可以注意 9 點半～ 10 點的走勢，這段時間容易見高點，要是發現無法漲停就直接出場，賣的位置會比較漂亮，順利漲停就到隔天開盤再出清。

每個人適合的方法都不一樣，重點是要找到自己時間允許的交易模式，並且透過歷史回測，調整出一套專屬系統。

黑飛舞特性：
由兩根 K 棒組成，分別是漲勢中的創高黑 K（黑飛龍），以及不過高且未破 5 日線（小破 2.5% 以內可再觀察）的紅 K 或黑 K。

買進時機：
黑飛舞形成當天收盤進場，為操作第一天。

賣出步驟（短沖）：
詳見 152 頁**圖表 5-3、5-4**，最晚會在操作第三天開盤賣出。

為何會有這種短線策略？我們藉著例子感受一下。

從圖表 5-5 可看到，伍豐（8076）於 2024/6/21 長紅突破，接著出創高但未破低的長上影線黑 K，以及未創高又破前低的黑 K。若採飛龍操作，會在突破隔天開盤買進後，於第二根黑 K 出場，小賠 3.6% 作收。

許多在飛龍突破後追價買進的投資人，尤其是短線操作者，看到收那麼長的上影線，通常會開始懷疑賣壓是不是很重。萬一隔天又出黑 K，更加強了這個想法，難免會怕怕的，擔心就此轉跌，最後乾脆停損出場，以免賠更多，主力便趁機再次拉抬價格。

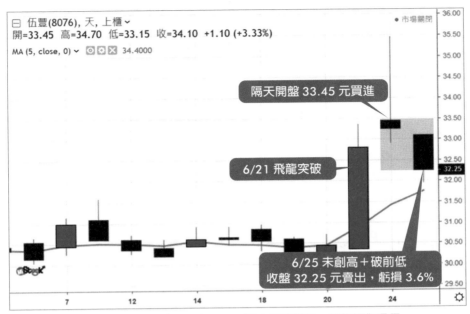

圖表 5-5　伍豐（8076）2024 年 6 月日線圖，飛龍操作過程

　　看著價格再次上漲，前面被洗掉的人就開始腦中打架了——等等該不會繼續漲吧？那我要立刻重新進場嗎？如果是一模一樣的劇本怎麼辦？我不就要在短時間內被騙兩次？想著想著，自然不敢進場了，這是人之常情。

　　一樣的標的，調整成黑飛舞策略，結果會改變嗎？

　　如圖表 5-6，長紅突破後，我們先觀望，直到出創高黑 K（黑飛龍），黑飛舞條件就形成一半了。

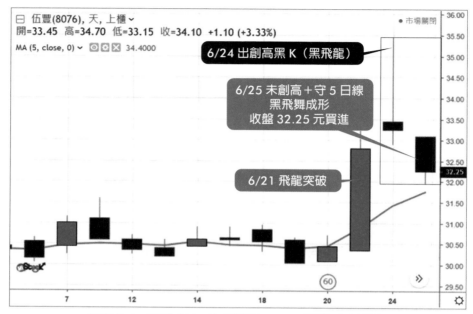

圖表 5-6　伍豐（8076）日線圖，7/10 黑飛舞短沖買進

一旦隔天沒有過高，不論紅 K 還是黑 K，只要大致守住 5 日線（收在 5 日線之上，或者小破 2.5% 以內），黑飛舞隨即成形，可於收盤進場，這就是操作第一天。反過來看，要是隔天的 K 棒創高了，或是明顯跌破 5 日線，表示黑飛舞成形失敗，就不能進場。

進場之後，什麼時候出場呢？要依操作第二天的漲跌幅度而定——由於 6/26 長紅漲停，因此先不動作，第三天開盤再全部出清（見圖表 5-7）。

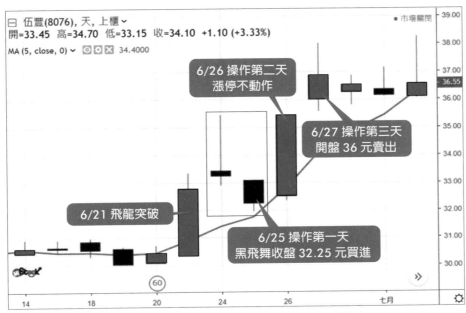

圖表 5-7　伍豐（8076）日線圖，7/12 開盤賣出

本次操作，以 6/25 收盤價 32.25 元買進，進場在相對安全的地方，再以 6/27 開盤價 36 元賣出，報酬率為 11.6%，對比飛龍操作，表現直接由負轉正（見圖表 5-8）。

像這樣的黑飛舞型態，是飛龍操作者最怕遇到的。

飛龍突破買進後，本來預期會繼續往上噴，而價格也真的快速爬升，越過突破長紅的高點往上漲，吸引許多散戶追價買進，把價格越推越高。

被吸引進來的投資人越多，主力越開心，因為可以視追價情況執行套殺，也就是趁著價格拉高大量拋售。因此股價拉高後可能突然就

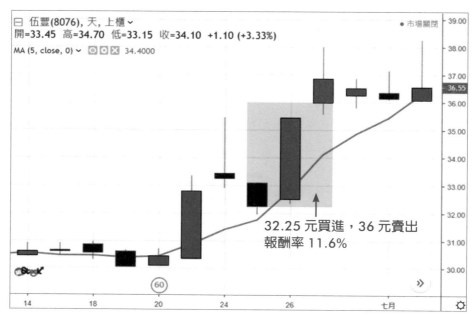

日 伍豐(8076), 天, 上櫃 ∨
開=33.45 高=34.70 低=33.15 收=34.10 +1.10 (+3.33%)
MA (5, close, 0) ∨ ◎ ⊙ ✕ 34.4000

● 市場關閉

32.25 元買進，36 元賣出
報酬率 11.6%

圖表 5-8　伍豐（8076）日線圖，黑飛舞短沖操作績效

不漲了，緊接著回頭快速下跌，最後才買進的人便買在高點，剛進場就賠錢，即使當天撐著不賣，隔天看到未創高、漲不太動的樣子，還是會想脫手。

　　反觀黑飛舞的進場邏輯，在別人跑了之後才買進，既可以避開主力甩轎，又少了兩天的煎熬（對短線操作者來說，兩天是很長的時間了），在空間和時間上都占有優勢。

歷史回顧，熟練 SOP

本節最後，我選出 2024/6/25 符合黑飛舞型態的 8 檔股票（見圖表 5-9），一步步講解操作，讓大家更熟悉黑飛舞短沖的 SOP，知道如何判斷黑飛舞成形，以及哪天進場、哪天出場。

黑飛舞小波段2021版 搜尋出 **8** 檔 0.35%，大盤共 2263 檔 (搜尋時間：12.186 秒)

符合日期▼	代號	股票	股價	收盤	成交量(當日)	目前	1日	1日最高
2024/06/25	1785	光洋科	63.20	69	96,281	-8.4%	-2.2%	+1.6%
2024/06/25	3062	建漢	31.55	34	47,712	-7.2%	-0.6%	+3.8%
2024/06/25	4526	東台	27.40	31.95	30,594	-14.2%	+3.3%	+8%
2024/06/25	5443	均豪	96.90	69.5	15,091	+39.4%	+9.9%	+9.9%
2024/06/25	6284	佳邦	85.00	93.7	5,848	-9.3%	-0.3%	+3.4%
2024/06/25	6449	鈺邦	163.50	157.5	6,365	+3.8%	+3.8%	+6.7%
2024/06/25	8064	東捷	59.50	43.15	24,635	+37.9%	+10%	+10%
2024/06/25	8076	伍豐	36.00	32.25	3,330	+11.6%	+9.9%	+9.9%

註：股市莊爸過去化名紫殺，於嗨投資網站設有理財學院——「紫殺的股票當沖波段戰鬥營」；以上選股頁面為理財學院專屬學院聖杯，分類在「小資利器之黑飛舞」中，付費加入學院即可使用。

圖表 5-9　黑飛舞小波段 2021 版選股：2024/6/25 結果

❶ 光洋科 1785

如圖表 5-10 所示，6/21 飛龍突破後，6/24 延續漲勢，將高點繼續往上推且不破前低，最後收黑，為黑飛龍；隔天未再創高，本來看似要續跌，但最後收回 5 日線之上，留下長長的下影線，黑飛舞型態確認。

▶ 操作第一天：6/25，黑飛舞成形，收盤以 69 元買進。

▶ 操作第二天：6/26，盤中最高來到 70.1 元，獲利僅 1.6%，不到 5%，應於操作第二天收盤賣出，於是賣在 67.5 元，虧損 2.2%。

▶ 操作第三天：無。

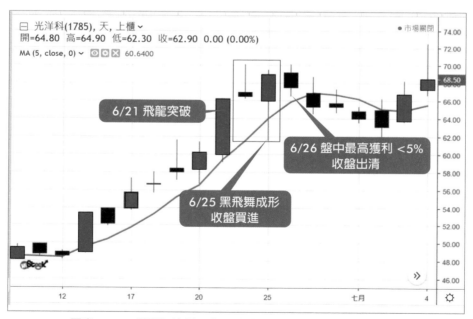

圖表 5-10　黑飛舞範例：光洋科（1785）2024 年 6 月日線圖

② 建漢 （3062）

　　如圖表 5-11 所示，6/21 飛龍突破後，6/24 續漲創高，然而往下收黑，形成黑飛龍；隔天並未創高，往下回測到 5 日線又收回來，出了長長的下影線，至此黑飛舞型態確認。

▶ 操作第一天：6/25，黑飛舞成形，收盤以 34 元買進。

▶ 操作第二天：6/26，盤中最高來到 35.3 元，獲利僅 3.8%，不到 5%，應於操作第二天收盤賣出，於是賣在 33.8 元，虧損 0.6%。

▶ 操作第三天：無。

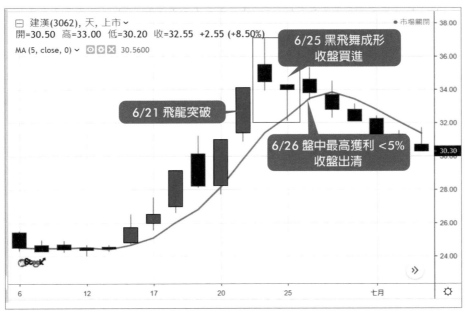

圖表 5-11　黑飛舞範例：建漢（3062）2024 年 6 月日線圖

❸ 東台 4526

如圖表 5-12 所示，6/18 飛龍突破後一路上漲，於 6/24 出創高黑 K，即黑飛龍；隔天盤中雖跌破 5 日線，但最後有收回，甚至拉成紅 K，不過並未過前高，黑飛舞型態確認。

▶ **操作第一天**：6/25，黑飛舞成形，收盤以 31.95 元買進。

▶ **操作第二天**：6/26，盤中最高來到 34.5 元，獲利高達 8%，按照 SOP，應於操作第二天收盤先出一半，剩下一半於操作第三天開盤出清；因此，6/26 收盤會先有一半賣在 33 元。

▶ **操作第三天**：6/27，開盤以 32.3 元賣出剩下一半。本次操作的平均報酬率為 2.2%。

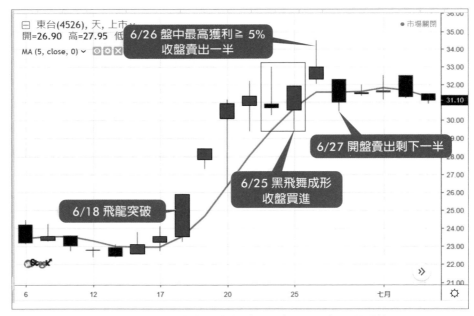

圖表 5-12　黑飛舞範例：東台（4526）2024 年 6 月日線圖

④ 均豪 5443

如圖表 5-13 所示，6/21 飛龍小突破後，6/24 出了創高且不破前低的黑 K，為黑飛龍；6/25 開盤就非常接近 5 日線，而且一度跌破，但最後有收回 5 日線之上，再往上收紅，且並未過前高，黑飛舞型態確認。

▶ 操作第一天：6/25，黑飛舞成形，收盤以 69.5 元買進。

▶ 操作第二天：6/26，價格拉到 76.4 元達漲停，依照 SOP 會在操作第三天開盤全數出清，因此這天先不動作。

▶ 操作第三天：6/27，以開盤價 78.1 元全部出清，報酬率 12.4%。

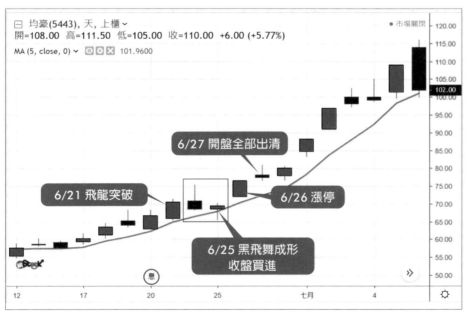

圖表 5-13　黑飛舞範例：均豪（5443）2024 年 6 月日線圖

❺ 佳邦 6284

　　如圖表 5-14 所示，6/21 飛龍突破後，6/24 便出創高且不破前低的黑 K，即黑飛龍；隔天上方似乎有很大的壓力，不但只往上漲一點點就往下跌，甚至跌破 5 日線，好在最後有拉回 5 日線之上、收長下影線，黑飛舞型態確認。

▶ 操作第一天：6/25，黑飛舞成形，收盤以 93.7 元買進。

▶ 操作第二天：6/26，盤中最高來到 96.9 元，獲利僅 3.4%，不到 5%，應於操作第二天收盤出清，於是賣在 93.4 元，虧損 0.3%。

▶ 操作第三天：無。

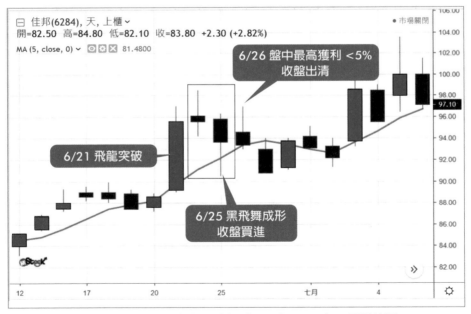

圖表 5-14　黑飛舞範例：佳邦（6284）2024 年 6 月日線圖

❻ 鈺邦 6449

如圖表 5-15 所示，6/21 飛龍突破後，6/24 隨即出過高黑 K，也就是黑飛龍；隔天往上不過前高，雖一度跌破 5 日線但有收回來，黑飛舞型態確認。

▶ 操作第一天：6/25，黑飛舞成形，收盤以 157.5 元買進。

▶ 操作第二天：6/26，盤中最高來到 168 元，獲利達 6.7%，依照 SOP，應該在操作第二天收盤先賣出一半，剩下一半於操作第三天開盤賣出，故 6/26 先以 163.5 元賣出一半。

▶ 操作第三天：6/27，開盤以 160.5 元賣出剩下一半。本次操作平均報酬率為 2.9%。

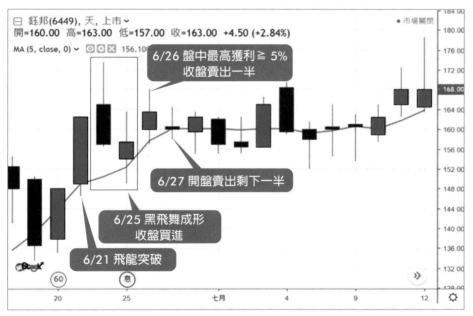

圖表 5-15　黑飛舞範例：鈺邦（6449）2024 年 6 月日線圖

⑦ 東捷 8064

　　如圖表 5-16 所示，6/21 飛龍突破後，6/24 過高又往下收黑，為黑飛龍；隔天未創高後，雖然跌破 5 日線，但還在小破 2.5% 的容許範圍內，黑飛舞型態確認。

▶ **操作第一天**：6/25，黑飛舞成形，收盤以 43.15 元買進。

▶ **操作第二天**：6/26，價格拉到 47.45 元達漲停，依照 SOP，會在操作第三天開盤全數出清，操作第二天先不動作。

▶ **操作第三天**：6/27，開盤全部出清，賣在 47.9 元，報酬率11%。

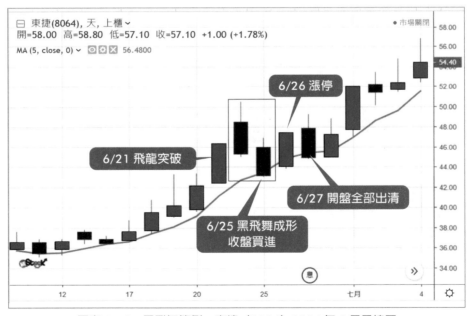

圖表 5-16　黑飛舞範例：東捷（8064）2024 年 6 月日線圖

❽ 伍豐 8076

　　如圖表 5-17 所示，6/21 飛龍突破後，6/24 本來很強勢，沒想到創高後又往下回跌，最後收長上影線，一般認為空方勢較強；隔天確實延續走勢出黑 K，雖未創高但收在 5 日線之上，黑飛舞型態確認。

▶ **操作第一天**：6/25，黑飛舞成形，收盤以 32.25 元買進。

▶ **操作第二天**：6/26，價格一路來到 35.45 元達漲停，依照 SOP 這天先不動作，待操作第三天開盤再全部賣出。

▶ **操作第三天**：6/27，開盤以 36 元全部出清，報酬率 11.6%。

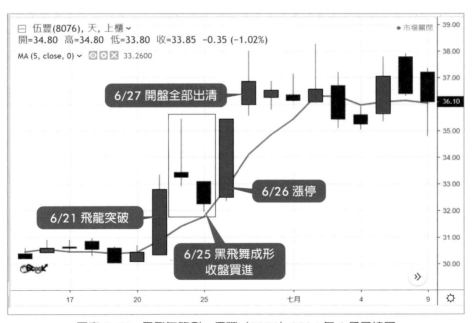

圖表 5-17　黑飛舞範例：伍豐（8076）2024 年 6 月日線圖

黑飛舞策略大多會在隔日沖銷，除非買進隔天遇到漲停，才會持有到第三天開盤。畢竟做的是短線，所以我們先不管後續走勢如何，由這些例子可以發現，黑飛舞策略有賺有賠，但虧損基本上不會太多，整體而言可說是賺大於賠（見圖表 5-18）。

萬一不習慣短沖，喜歡做波段怎麼辦？黑飛舞邏輯還能派上用場嗎？先說答案──能！至於詳細教學，就趕快閱讀下一節吧。

股票	黑飛舞平均報酬率
光洋科（1785）	-2.2%
建漢（3062）	-0.6%
東台（4526）	2.2%
均豪（5443）	12.4%
佳邦（6284）	-0.3%
鈺邦（6449）	2.9%
東捷（8064）	11%
伍豐（8076）	11.6%

圖表 5-18　黑飛舞範例報酬率整理

融合飆股與隔日沖戰法，聰明加碼賺更多

前一節，我們介紹了黑飛舞短沖戰法，一檔標的頂多持有三天，操作節奏非常快速，對於喜歡頻繁換股的投資人來說，是個不錯的策略。

如果是比較習慣做波段的人，願意用比較長的時間，換取大段獲利的可能性，通常還是以飛龍操作為主。

但，主力會甩轎是事實，黑飛舞就像飛龍的剋星一樣，有時會把單洗掉，那該怎麼融合兩種操作策略呢？

飛龍操作進出，加碼在黑飛舞

方法很簡單——一樣用飛龍進場，只是在遇到黑飛舞時，將其視為加碼點就可以了（見圖表 5-19）。

圖表 5-19　飛龍、黑飛舞共生策略 SOP

舉例而言，圖表 5-20 的凌巨（8105）在 2024/7/9 飛龍突破後，如果採取飛龍操作，過程重點如下：

7 July 10　飛龍突破隔天開盤買進（19.8 元）。

7 July 11　雖然破前低了，但有拉回收過前一天的收盤價，形成破底飛龍，因此可以續抱，而後面好幾天的 K 棒皆有創高、未破低。

7 July 19　出破低長黑，並未收過前一天的收盤價，不算是破底飛龍。最後於收盤賣出（22 元），色塊為飛龍操作的獲利價差，賺到 11.1%。

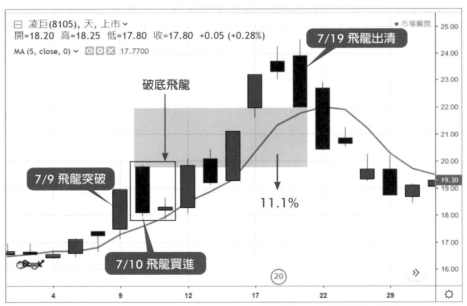

圖表 5-20　凌巨（8105）2024 年 7 月日線圖，飛龍操作過程

若加入本章介紹的黑飛舞邏輯，就會在 **7/11 加碼買進，最後一樣依照飛龍操作的條件出場**。換言之，按照時間序，圖表 5-21 的黑飛舞加碼過程如下：

 飛龍突破隔天開盤買進（19.8 元）。今天同時是創高黑 K，也就是黑飛龍，一旦隔天未創高且守住 5 日線，即可形成黑飛舞。

 未過前高且收在 5 日線之上，黑飛舞成形，收盤加碼買進（18.3 元）。

跌破前低又沒收回前一天的收盤價，達飛龍出場條件。但今天有收在 5 日線之上，加上前一天的創高黑 K，可以看作黑飛舞嗎？不行，因為創高了，就不符合黑飛舞的條件。最後於收盤出清基本單和加碼單（22 元），線框為黑飛舞加碼的獲利價差。

　　從圖表 5-21 能夠看到，黑飛舞加碼單可賺到 20.2% 的價差，比基本單的 11.1% 還多，這是因為加碼單避開了甩轎，進場在比飛龍操作更有優勢的地方。

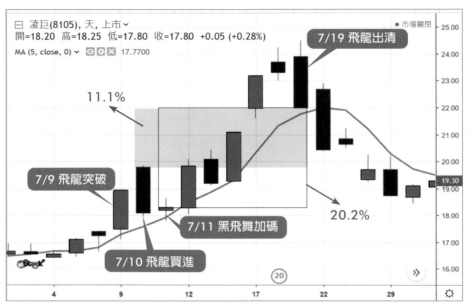

圖表 5-21　凌巨（8105）2024 年 7 月日線圖，飛龍操作＋黑飛舞加碼

　　我接著把圖表 5-20、5-21 的價差方塊拉出來，以相同的寬度堆疊呈現如圖表 5-22，高度就是總價差。比對後可以看到，兩種策略都有飛龍基本單的獲利價差，加入黑飛舞加碼單後，只要加碼單是獲利的，整體獲利就會提高。

　　那為什麼要先飛龍進場？可以只等黑飛舞進場，最後再飛龍出場嗎？

　　別忘了，飛龍突破後，不見得會跌回 5 日線，如果直接噴出，就沒有後續的黑飛舞進場點。所以像這樣的飛龍、黑飛舞共生策略，還是建議以第一次進場的時機為主，後續加碼只是多一個增加獲利的機會，也讓投資人不要那麼容易被洗掉。

圖表 5-22　凌巨（8105）賺得價差比較

來看下一個例子。圖表 5-23 的訊舟（3047）在 2024/7/1 漲破 5%（飛龍突破）後，採取飛龍操作的過程如下：

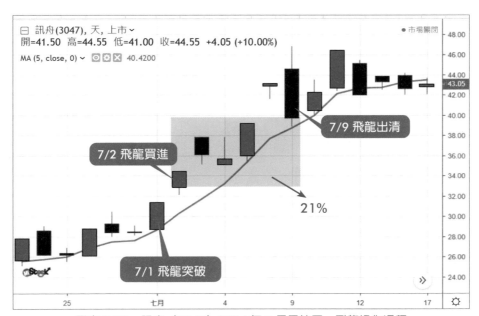

圖表 5-23　訊舟（3047）2024 年 7 月日線圖，飛龍操作過程

7 July **2** 飛龍突破隔天開盤進場（32.85 元）。

 7 July **9** 雖有創高卻往下收黑，又沒拉回前一天的收盤價，破底飛龍失敗，飛龍操作應出場。最後於收盤賣出（39.75 元），色塊為飛龍操作的獲利價差，賺到 21%。

　　如果我們把本章解說的黑飛舞當成加碼時機，再次加碼進場，結果則如圖表 5-24 所示，過程會是這樣：

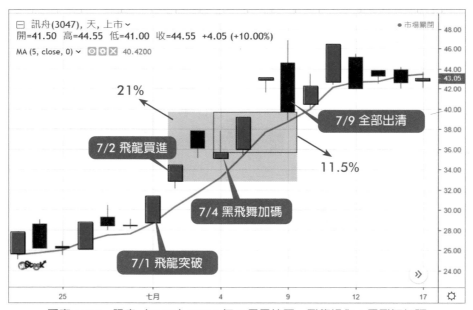

圖表 5-24　訊舟（3047）2024 年 7 月日線圖，飛龍操作＋黑飛舞加碼

7 July 2　飛龍突破後，隔天以開盤價進場（32.85 元）。

7 July 3　股價創高後卻走跌收黑 K，也就是黑飛龍，可以觀察隔天有沒有過高、有沒有守住 5 日線，必須「未過高、守住 5 日線」兩個條件都達成，才算是黑飛舞。

7 July 4　開盤後上漲，雖然和前一天高點只差一點點，但並沒有超過，加上收在 5 日線之上，確認達成條件，可於收盤時進場加碼（35.65 元）。

7 July 9　過前高後往下收黑，未拉回前一天的收盤價之上，達飛龍出場條件。最後於收盤時出清初始買進部位和加碼單（39.75元），線框為黑飛舞加碼的獲利價差，賺到 11.5%。

　　這個例子和上一個不同，從圖表 5-24 能夠看出，由於往下回測的幅度不深，因此黑飛舞加碼單的進場價格會高於第一次進場的價格。

　　我一樣把圖表 5-23、5-24 的價差方塊拉出來，以相同的寬度堆疊成圖表 5-25 的樣子。儘管加碼單的獲利價差沒有第一次進場的價差這麼多，還是提高了整體獲利。

制式化操作才能穩健獲利

　　看完前面的例子，可能有人會覺得績效差沒多少，但這跟走勢有

圖表 5-25 訊舟（3047）賺得價差比較

關。有時在黑飛舞之後，或許是因為許多散戶因為股票下跌而出場了，漲勢隨之變得乾脆，一口氣拉出很多，這時候利用黑飛舞訊號當成加碼時機的策略，績效就會比單純只看飛龍訊號進場的操作好很多。

要注意的是，當上漲時間拉長，途中可能會出現好幾次黑飛舞訊號，但股價不可能無限上漲，總會有盡頭，在越高的地方加碼越危險。所以**加碼以兩次為限**，以免股價都快爬到山頂了，還在拚命加碼。

例如圖表 5-26 的京城（2524），2024/7/10 出現飛龍突破後，單純看飛龍訊號進場操作的過程如下：

飛龍突破隔天開盤進場（62 元）。

出未創高又破低的黑 K，也沒收回前一天的收盤價之上，確認達飛龍出場條件，於收盤賣出（71.1 元），紫色塊為其獲利價差，賺到 14.7%。

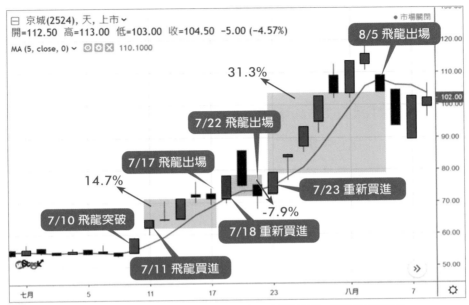

圖表 5-26　京城（2524）2024 年 7 月日線圖，飛龍操作過程

7 July 18　賣掉隔天馬上長紅漲停，考慮到前一天跌幅很少，很多人會選擇重新進場（收盤價 78.2 元）。

7 July 19　出創高長黑，但未破前一天低點，故續抱觀察。

7 July 22　沒想到，7/22 又接了一根未過高且破低的黑 K，收盤也沒有拉回前一天收盤價，應於收盤出場（72 元），灰色塊為其虧損價差，賠 7.9%。

馬上又出長紅漲停，而且站回 5 日線，可以再次重新進場（收盤價 79.2 元）。不同於前面被洗掉兩次（注意這兩次出場時機正好符合黑飛舞訊號），這次總算往上拉了。

往下跳空（出現缺口）收黑，既沒創高又破前低，最後在這天出清（收盤價 104 元。按照飛龍操作，盤中跌超過 6% 且破前低就可以先出場，為了方便說明，此處統一在收盤出清），紫色塊為其獲利價差，賺到 31.3%。

但實際上，事情可能不會這麼順利。

接連因為下跌而被洗出場兩次之後，投資人的心態或多或少也轉變了：「事不過三，搞不好只是單純運氣好，才拉兩根漲停讓人下車，下次再回洗，誰知道會不會突然急殺啊？」

於是，明明出漲停，卻沒有多少人敢重新進場，就這樣錯失了後面的漲勢，即使想買，也怕自己一買進就下跌⋯⋯

如果採取把黑飛舞當成加碼時機的進場策略，就可以扭轉這段過程（見圖表 5-27）：

飛龍訊號後進場（62 元）。

7/16 出創高黑 K，符合黑飛龍的定義；搭配 7/17 未過前高、收在 5 日線之上的 K 棒，形成黑飛舞訊號，於是在收盤時進場加碼（71.1 元）。

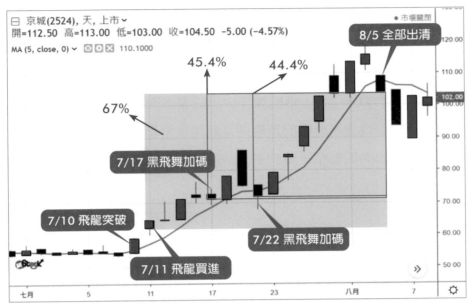

圖表 5-27　京城（2524）日線圖，飛龍操作＋黑飛舞加碼

7 July
19.22

經歷一天漲停後，7/19 開盤往上跳空，卻往下收長黑，搭配下一根小破 5 日線不到 2.5% 的 K 棒，形成黑飛舞，收盤又可以再進加碼單（72 元）。前面提過，加碼以兩次為限，所以這也是最後一次加碼，接下來等出清就好了。

8 August
5

往下跳空收黑，既沒創高又破前低，符合飛龍出場條件，於是收盤將第一次進場及加碼進場的部位全部出清（104 元），色塊為飛龍操作（第一次進場）的獲利價差，賺到 67%；線框則是黑飛舞（加碼進場）的獲利價差，分別賺到 45.4%、44.4%。

老樣子，我們把京城（2524）飛龍操作和兩次黑飛舞加碼策略的價差方塊拉出來，堆疊成圖表 5-28，可以看出，搭配黑飛舞訊號加碼所賺到的價差，比飛龍操作還要多，飛龍操作甚至有虧損價差要扣減。

同樣是 7/11 ～ 8/5，飛龍操作會因股票下跌而被洗出場兩次，把黑飛舞訊號當成進場時機的策略則是利用黑飛舞的特性，不僅能夠抱住第一次進場時的部位，賺到更大一段漲勢，還因為適度加碼，進而提高獲利。

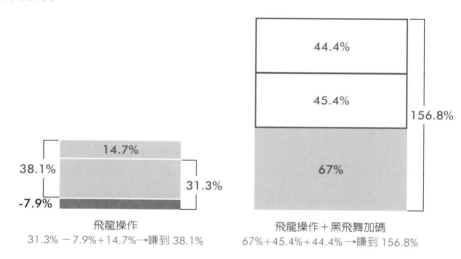

飛龍操作
31.3% － 7.9%＋14.7%→賺到 38.1%

飛龍操作＋黑飛舞加碼
67%＋45.4%＋44.4% →賺到 156.8%

圖表 5-28　京城（2524）賺得價差比較

再舉一個例子。圖表 5-29 的大量（3167）於 2024/8/8 出現飛龍突破訊號後，飛龍操作的過程如下：

飛龍突破隔天開盤進場（74.6 元）。

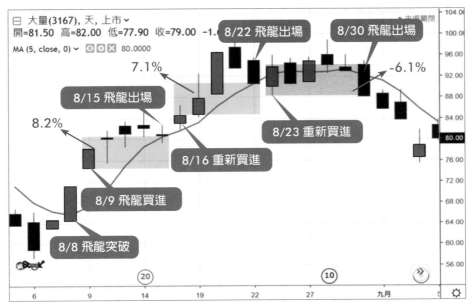

圖表 5-29　大量（3167）日線圖，飛龍操作

8 August 15

既沒有創高，又破了前低，最後也沒有收回前一天的收盤價，破底飛龍形成的希望破滅，應於收盤出場（80.7 元），紫色塊表示此次的獲利價差，賺到 8.2%。

8 August 16

但股市總像在跟你開玩笑，你昨天剛賣掉，它今天就漲回來站穩 5 日線給你看，昨天就像是要騙你下車一樣，於是很多人會選擇重新買進（收盤價 84.6 元）。

8 August 22

這次重新買進後有往上拉，甚至出漲停，但 8/22 就出未創高又破低的黑 K，達飛龍出場條件，於收盤賣出（90.6 元），紫色塊為其獲利價差，賺到 7.1%。

賣出後並未續跌，又出現紅 K 站回 5 日線，許多人會聯想到前一次經驗：「我前面被洗掉後隔天買回，結果成功獲利了，今天可能也是相同狀況，故意把散戶洗掉後再拉……買啦哪次不買！」於是重新買進（收盤價 93.8 元）。

歷經 8/26、8/29 的母子飛龍，8/30 並未創高，而且往下破低收長黑，應於收盤時出清（88.1 元），以虧損 6.1% 作收，灰色塊表示其虧損價差。

　　若是加入黑飛舞訊號的概念來調整策略，在飛龍突破時進場、並在黑飛舞訊號時加碼，就可以避免如先前的敘述一樣被洗出場兩次，拉長抱單的時間，操作過程與績效隨之改變（見圖表 5-30）：

飛龍突破隔天開盤買進（74.6 元）。

8/15 雖然未創高、有破低，但守在 5 日線之上，搭配 8/14 的創高黑 K，確認為黑飛舞訊號，可於收盤時加碼（80.7 元）。

8/21.22

前面漲了一小段，到 8/21 出現黑飛龍訊號，就可以觀察隔天的 K 棒有沒有過高？有沒有守住 5 日線？這兩點，8/22 都有達成，代表黑飛舞訊號成形，可以在收盤時再加碼（90.6 元）。

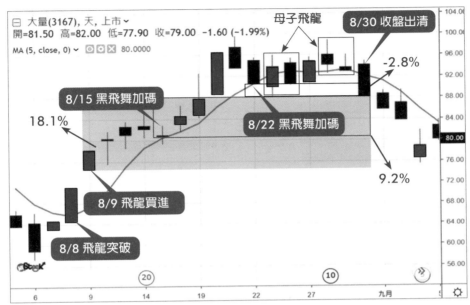

圖表 5-30　大量（3167）日線圖，飛龍操作＋黑飛舞加碼

續抱過了 8/26、8/29 的母子飛龍，8/30 達到飛龍出場條件，所以收盤時將第一次進場和加碼的部位一併出清（88.1 元），色塊為第一次進場的獲利價差，賺到 18.1%；而紫色及黑色線框，分別是黑飛舞加碼的獲利及虧損價差，賺 9.2% 及賠 2.8%。

一樣來疊疊樂比較一下（見圖表 5-31）。

全部採取飛龍操作，會在 8/15、8/22 因股價下跌（其實是黑飛舞訊號）被輪番洗掉，導致抱單時間都不長，但至少還有獲利。只不過最後一筆單以虧損收場，幾乎回吞了前一筆的利潤，減少賺到的價差。

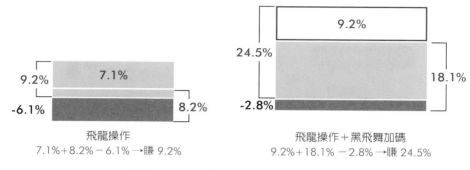

飛龍操作
7.1%＋8.2%－6.1%→賺 9.2%

飛龍操作＋黑飛舞加碼
9.2%＋18.1%－2.8%→賺 24.5%

圖表 5-31　大量（3167）賺得價差比較

　　如果換成看黑飛舞訊號加碼的策略，反而會趁著黑飛舞成形、很多人被洗掉時加碼，拉長了第一次進場部位的持有時間。儘管最後一筆加碼單虧損了，也只是小虧、賺得價差略微減少，整體績效還是提高了。

　　明明方法是一樣的，為什麼有些股票能獲利、有些股票反倒會虧損？這和盤勢有關，而盤勢又控制在主力手裡。

　　有些股票用黑飛舞隔日沖的技巧比較能賺，有些股票則是能夠順利上漲一段，在第一次突破後買進長抱，並把黑飛舞訊號當成加碼時機，能夠賺到更多……這些都要等到事後覆盤才會知道，當下投資人其實難以判斷，哪個標的適合短沖、哪個最好抱波段。

　　因此，身為散戶，最好選定一套適合自己的方法，操作時徹底執行 SOP，才能穩健獲利，不被走勢影響情緒。

系統換牌術，累積滿手神之卡

前面介紹了黑飛舞訊號的邏輯及運用時機，但我們實際操作時，可能同時持有好幾檔股票，也可能要淘汰持股換新股。這時候，就會遇到幾個問題：

哪些股票該留？哪些股票不該留？

怎麼執行換股比較好？

我的資金就只有這些，要怎麼分配？可以買幾檔？

為了解決這些問題，我研究出「系統換牌術」，透過加減法，計算出「持股健康度分數」，即可處理這些問題。

既然是系統化，表示有一套固定公式，用來計算持股健康度分數。

一開始接觸公式，一定會覺得陌生，就像小時候學九九乘法表，我們也不是什麼神童，看一眼就背起來，常常在偷瞄課本。但多用幾次、熟悉之後，按照狀況不同，代入相應的數字，就可以很快算出結果，知道該怎麼做。

你會先賣掉獲利的股票，還是虧損的股票？

在說明換牌系統之前，大家先想想這個情境：短時間內你急需用

錢，而你共持有兩檔股票，剛好一檔獲利、一檔虧損，如果只賣出一檔，你會選擇賣出獲利的股票，還是虧損的股票？

研究顯示，大部分散戶會選擇賣掉獲利的股票。

這與行為財務學中發現的一種投資偏誤有關——「處分效果」，簡單來說，就是投資人傾向出售獲利的資產，並且持有虧損的資產。這算是人類的一種本能，比起愉悅感，我們更容易感受到痛苦，所以會選擇追求快樂，同時拖延遺憾。

講起來文謅謅的，但這種心態其實很常見。比如消費，掏錢付現會比刷卡更有花錢的感覺，也因此更心痛；選擇刷卡的，則是可以先享受、後付款，一不小心就會衝動消費，等拿到帳單再來傷腦筋。

但理性思考，拖延遺憾其實並不正確。

大家玩過卡牌對戰遊戲嗎？玩家一定都希望，手上牌組越強越好，但難免會抽到壞牌，這時候，一般都會犧牲、替換掉壞牌，看能不能抽到神之卡，也就是「汰弱換強」的概念。

換牌系統的目的也是汰弱換強。一開始先抽幾張牌（持股），表現不佳的牌就換掉，直到換到神之卡再留著，並在擁有神之卡的基礎上增加抽牌數，利用這樣的方法，即使一張壞牌開局，也能慢慢累積到滿手神之卡（見圖表 5-32）。

那要怎麼知道，**自己總共可以拿幾張卡？這由個人的資金決定。**資金越多的人，當然可以把資金分得更散。

例如本金有 100 萬元，每檔股票投入 10 萬的話，最多能買到 10 檔；如果資金比較少，假設 30 萬好了，規劃成一檔最多投入 5 萬，最多買

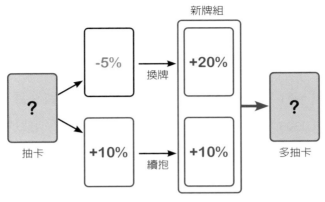

圖表 5-32　系統換盤術的概念

到 6 檔，這樣也可以。

　　由於股價有高有低，如果每檔資金固定，表示能夠買到的股數不同，一樣是投入 10 萬，便宜股買個六七張還有剩，昂貴股就只能買零股來湊了。

　　但實際下單的時候，不見得有餘裕計算 10 萬能買幾股，想**快速判斷購買幾張**的話，就依照股票價格的區間，代入以下算法：

假設有 100 萬元資金配置，一檔買 10 萬：

▶ 10 ≦股價≦ 50 → 100÷股價＝張數（四捨五入）

▶ 50 ＜股價≦ 75 →買 2 張

▶ 75 ＜股價≦ 150 →買 1 張

▶ 股價＞ 150 元→買零股

　　例如新聞最常提到的護國神山——台積電（2330），947 元時可以買幾股？因為股價＞ 150 元，所以要改買零股，算法是：10 萬

÷947=105.5，四捨五入可買 106 股。

我另外舉幾個例子，大家記得先確認價格區間，再決定算法：

▶ 鴻海（2317）181 元時，10 萬 ÷181=552.4，可以買 552 股。

▶ 群創（3481）15.5 元時，100÷15.5=6.4，可以買 6 張。

▶ 聯電（2303）54.5 元時，股價介於 50 ～ 75 元，可以買 2 張。

▶ 台化（1326）40.65 元時，100÷40.65=2.4，可以買 2 張。

▶ 晟銘電（3013）110 元時，股價介於 75 ～ 150 元，可以買 1 張。

依照持股健康度分數，將持股汰弱換強

接下來，會遇到這個問題：「莊爸，我已經知道我總共可以拿幾張卡了，還沒拿滿的話，可不可以抽新卡？可以抽幾張？」

答案都和系統換牌術的核心有關——持股健康度分數。

持股健康度分數的計算，取決於手牌狀況。簡單來說，獲利的手牌多，持股健康度分數就高，可以多抽卡；虧損的手牌多，持股健康度分數就低，低到一定程度就不能抽卡。

當然，手牌狀況不能光憑感覺，必須量化才行，我是依照績效來定義。還捏在手上的牌，分成三種類型：

1. **噴出**：獲利大於 5%，也就是我一直提到的神之卡。

2. **小虧損**：獲利為負，但還不符合停損條件（大虧的理應出清了）。

3. **小獲利**：獲利 0% ～ 5%，建議持有不超過 3 檔。

要計算持股健康度分數，重點在於噴出及小虧損的檔數：

> 持股健康度分數＝**噴出檔數－小虧損檔數＋ 1**
> → 算出結果便是可新增持股上限

這個公式的邏輯很簡單，就是「獲利不能少於虧損」。想要買新的股票？沒問題，前提是手上賺錢的檔數，不能比賠錢的還少，而算出來的持股健康度分數，就是可以新增的股票數量。

舉例來說，手上有 5 檔股票，其中 3 檔獲利超過 5%，1 檔小獲利，1 檔小虧損，持股健康度分數計算方式為 3 － 1 ＋ 1 ＝ 3，表示有 3 張抽卡的空間，可新增 3 檔股票。

> 手上有 5 檔股票，其中 <u>3 檔獲利超過 5%</u>，1 檔小獲利，<u>**1 檔小虧損**</u>。
>   噴出檔數   小虧損檔數
> ▶ 持股健康度分數＝ 3 － 1 ＋ 1 ＝ 3　→ 可新增 3 檔股票

再練習一題：

阿莊持有 4 檔股票，其中有 1 檔神之卡、2 檔小虧損、1 檔小獲利。小紫也持有 4 檔股票，包括 1 檔神之卡、3 檔小虧損，他們各自可以新增幾檔股票？

答案是——兩人都不可以新增股票！因為阿莊算出的分數為 0，小紫的分數則是 -1。

> 阿莊：持有 4 檔股票，其中有 <u>1 檔神之卡</u>、**<u>2 檔小虧損</u>**、1 檔小獲利。
>   _{噴出檔數}   　_{小虧損檔數}
>
> ▶ 持股健康度分數＝ 1 － 2 ＋ 1 ＝ 0　→不可新增股票
>
> 小紫：持有 4 檔股票，包括 <u>1 檔神之卡</u>、**<u>3 檔小虧損</u>**。
>   _{噴出檔數}   _{小虧損檔數}
>
> ▶ 持股健康度分數＝ 1 － 3 ＋ 1 ＝ -1　→不可新增股票

如果持股健康度分數為負值，表示小虧損股票至少比神之卡還多2 檔。在不能抽新卡的前提下，想讓分數翻正，要嘛神之卡變多，要嘛賠錢股票減少；前者不是小小散戶能操控的，所以我們只能丟掉虧損的卡來應對，逼自己汰弱留強。

順帶一提，前面提到用資金決定持牌數，並在每檔股票投入差不多的錢，這樣可以讓持股健康度分數更具參考意義，降低部位權重的影響。

比方說手上持有 2 檔股票，一檔獲利 10%，一檔虧損 5%，整體看似賺錢；然而獲利那檔投入 2 萬元，實際賺到 2,000 元，虧損那檔投入20 萬元，實際賠了 1 萬元，算起來反倒虧損 8,000 元。

建立起穩固的系統換牌術後，只要願意承受換牌時的小虧損，就能慢慢累積好牌並續抱，符合大賺小賠的飆股方程式。

當然，有理論之後也要回測驗證才行，所以在本節最後，我會利用大概半個月的個股實例，來重現抽卡、換牌的過程。

系統化操作，禁得起時間考驗

系統換牌術的第一步，是找出飛龍突破的候選名單。

單日選出的個股數量並不一定，例如圖表 5-33，為 2024 年 6 月的飛龍突破部分選股結果，其中 6/3 就選出 5 檔，6/4 則選出 3 檔。客觀來說，我們應該隨機挑股來驗證，而不是事後看績效來選，以免失去歷史回測的意義。

搜尋出 **86** 檔 3.80%，大盤共 2265 檔（搜尋時間：8.704 秒）

符合日期 ▼	代號	股票	股價	漲跌幅	成交量（張）	收盤	漲跌幅（當日）	成交量（當日）
2024/06/07	1447	力鵬	10.60	+2.91%	7,125	10.2	+6.47%	9,967
2024/06/07	2451	創見	95.80	-2.84%	1,793	122	+6.09%	6,109
2024/06/07	3284	太普高	46.95	-0.53%	371	40.1	+7.08%	2,182
2024/06/07	6834	天二科技	40.50	-2.64%	739	34.15	+9.98%	2,650
2024/06/06	2883	開發金	15.80	0	63,763	15.1	+7.09%	341,118
2024/06/06	3675	德微	298.50	-9.95%	1,486	355	+9.91%	2,848
2024/06/06	1423	利華	42.80	0	235	40	+7.53%	1,194
2024/06/05	2540	愛山林	200.00	-3.85%	4,197	186	+6.59%	5,362
2024/06/05	2611	志信	25.70	-1.15%	1,108	34.2	+6.88%	24,430
2024/06/05	4513	福裕	52.00	+0.39%	3,655	45.45	+6.94%	10,490
2024/06/05	5490	同亨	29.65	-0.50%	541	30.4	+9.95%	5,055
2024/06/05	6683	雍智科技	366.00	-2.40%	336	336.5	+9.97%	1,854
2024/06/04	2228	劍麟	95.00	-1.66%	237	124	+6.44%	2,102
2024/06/04	4951	精拓科	83.10	+0.85%	324	92.9	+9.94%	1,891
2024/06/03	3088	艾訊	95.30	-1.24%	481	107	+9.86%	9,328
2024/06/03	4967	十銓	124.00	-1.59%	6,009	131	+9.62%	16,119
2024/06/03	5263	智崴	174.00	-1.97%	730	134	+6.35%	1,820
2024/06/03	5410	國眾	38.70	-0.64%	229	41.05	+7.32%	3,749
2024/06/03	6206	飛捷	85.50	-1.04%	364	103	+7.40%	3,426

註：此為嗨投資理財學院「紫殺的股票當沖波段戰鬥營」之專屬學院聖杯，分類在「飛龍戰法」中，付費加入學院即可使用。

圖表 5-33　飛龍突破 2023 版選股：2024 年 6 月結果節錄

後面的步驟，大致是抽牌→計算持股健康度分數→換牌／抽牌。

本次示範設定本金 100 萬元，每檔投入 10 萬元，最多持有 10 檔，於飛龍突破隔天開盤買進，符合飛龍出場條件當天收盤賣出，金額部分不計入手續費及證交稅。

一開始 6/4 先抽 3 張牌：

1. 飛捷（6206）：101.5 元買 1 張。

2. 智崴（5263）：134 元買 1 張。

3. 十銓（4967）：134 元買 1 張。

6/4 手牌狀況如下

1. 飛捷（6206）：出黑 K 母子飛龍，續抱，收在 99.8 元，小虧損。

2. 智崴（5263）：出小創高、沒破低的黑 K，收在 132 元，小虧損。

3. 十銓（4967）：出有創高、沒破低的長上影線黑 K，收在 131 元，小虧損，但有機會形成黑飛舞。

個股	動作	未實現／已實現損益	獲利狀況
飛捷（6206）	續抱	**-1,700**	小虧損
智崴（5263）	續抱	**-2,000**	小虧損
十銓（4967）	續抱	**-3,000**	小虧損

6/4 持股健康度分數計算過程：

噴出檔數－小虧損檔數＋1

＝ 0 － 3 ＋ 1 = -2 → 不能抽新卡！

1. 飛捷（6206）：出有過高、沒破低的黑 K，續抱，收在 100 元，小虧損。

2. 智崴（5263）：出黑 K 母子飛龍，續抱，收在 131.5 元，小虧損。

3. 十銓（4967）：出未創高、有破低的黑 K，但守在 5 日線之上，和前一天形成黑飛舞，故續抱觀察，收在 130 元，小虧損。

個股	動作	未實現／已實現損益	獲利狀況
飛捷（6206）	續抱	**-1,500**	小虧損
智崴（5263）	續抱	**-2,500**	小虧損
十銓（4967）	續抱	**-4,000**	小虧損

6/5 持股健康度分數計算過程：

噴出檔數－小虧損檔數＋ 1

＝ 0 － 3 ＋ 1 ＝ -2　→ 還是不能抽新卡！

1. 飛捷（6206）：出過高但收盤破前低的黑 K，於收盤以 98 元賣出（見圖表 5-34）。

2. 智崴（5263）：出長上影線過高、沒破低的小紅 K，續抱，收在 132 元，小虧損。

3. 十銓（4967）：出有過高、沒破低的黑 K，續抱，收在 130.5 元，小虧損。

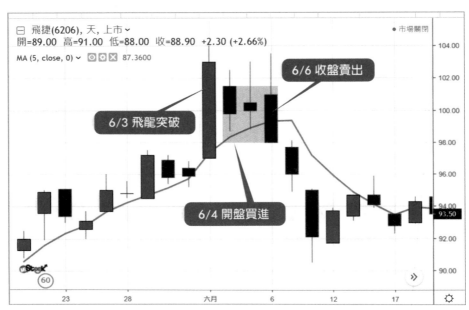

圖表 5-34　2024 年 6 月飛捷（6206）進出過程

個股	動作	未實現 / 已實現損益	獲利狀況
飛捷（6206）	賣出	**-3,500**	
智崴（5263）	續抱	**-2,000**	小虧損
十銓（4967）	續抱	**-3,500**	小虧損

6/6 持股健康度分數計算過程：

噴出檔數－小虧損檔數＋ 1

＝ 0 － 2 ＋ 1 ＝ -1　→ 分數還是負的，一樣不能抽新卡！

1. 智崴（5263）：出漲停，續抱，收在 145 元，晉升神之卡。
2. 十銓（4967）：出漲停，續抱，收在 143.5 元，晉升神之卡。

個股	動作	未實現／已實現損益	獲利狀況
智崴（5263）	續抱	**+11,000**	噴出
十銓（4967）	續抱	**+9,500**	噴出

6/7 持股健康度分數計算過程：

噴出檔數－小虧損檔數＋1

＝2－0＋1＝3　→終於能夠抽卡了，可新增 3 檔股票。

　　要一次抽滿也可以，不過我們先一張一張抽，還不熟練的人也建議先一張一張抽。於是收盤先確認當日飛龍突破的新牌——天二科技（6834），隔天開盤以 35.95 元買 3 張。

1. 智崴（5263）：出續漲紅 K，續抱，收在 151 元。
2. 十銓（4967）：出跳空續漲黑 K，續抱，收在 146.5 元。
3. 天二科技（6834）：出跳漲紅 K，續抱，收 37.55 元，小獲利。

個股	動作	未實現／已實現損益	獲利狀況
智崴（5263）	續抱	+17,000	噴出
十銓（4967）	續抱	+12,500	噴出
天二科技（6834）	續抱	+4,800	小獲利

6/11 持股健康度分數計算過程：

噴出檔數－小虧損檔數＋1

＝ 2 － 0 ＋ 1 ＝ 3　→可新增 3 檔股票。

收盤選定當日飛龍突破的新牌——陸海（5603），隔天開盤以 25.5 元買 4 張。

6/12 手牌狀況如下

1. 智崴（5263）：出續漲紅 K，續抱，收在 154 元。

2. 十銓（4967）：出續漲紅 K，續抱，收在 161 元。

3. 天二科技（6834）：出續漲紅 K，續抱，收 40.55 元，晉升神之卡。

4. 陸海（5603）：出未過高、破前低的長下影線黑 K，收盤未收回前一天收盤價之上，破底飛龍成形失敗。

   雖收回 5 日線之上，但飛龍突破「之後」創高又沒破低的黑 K，才算是黑飛龍（突破的 K 棒不能同時是黑飛龍），因此 6/11 並非黑飛龍，6/12 也就不算黑飛舞成形，最後在收盤以 25.45 元賣出（見圖表 5-35）。

個股	動作	未實現 / 已實現損益	獲利狀況
智崴（5263）	續抱	**+20,000**	噴出
十銓（4967）	續抱	**+27,000**	噴出
天二科技（6834）	續抱	**+13,800**	噴出
陸海（5603）	賣出	**-200**	

6/12 持股健康度分數計算過程：

噴出檔數－小虧損檔數＋1

＝3－0＋1＝4 →可新增4檔股票。

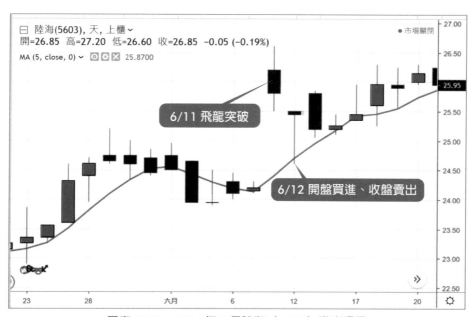

圖表 5-35　2024 年 6 月陸海（5603）進出過程

收盤選定當日飛龍突破的新牌──鉅祥（2476），隔天開盤以 105 元買 1 張。

1. 智崴（5263）：出續漲紅 K，續抱，收在 164 元。
2. 十銓（4967）：出跳漲黑 K，續抱，收在 168 元。
3. 天二科技（6834）：出有過高、沒破低黑 K，續抱，收在 40 元。
4. 鉅祥（2476）：出續漲紅 K，續抱，收在 107 元，小獲利。

個股	動作	未實現／已實現損益	獲利狀況
智崴（5263）	續抱	+30,000	噴出
十銓（4967）	續抱	+34,000	噴出
天二科技（6834）	續抱	+12,150	噴出
鉅祥（2476）	續抱	+2,000	小獲利

6/13 持股健康度分數計算過程：

噴出檔數－小虧損檔數＋ 1

＝ 3 － 0 ＋ 1 ＝ 4　→可新增 4 檔股票。

收盤選定當日飛龍突破的新牌──光洋科（1785），隔天開盤以 53.9 元買 2 張。

1. 智崴（5263）：出母子黑 K，續抱，收在 161 元。
2. 十銓（4967）：出續漲紅 K，續抱，收在 179 元。
3. 天二科技（6834）：出母子紅 K，續抱，收在 40.2 元。
4. 鉅祥（2476）：出母子黑 K，續抱，收在 105 元。
5. 光洋科（1785）：出有過高、沒破低的黑 K，續抱，收在 52.2 元，
   小虧損。

個股	動作	未實現／已實現損益	獲利狀況
智崴（5263）	續抱	**+27,000**	噴出
十銓（4967）	續抱	**+45,000**	噴出
天二科技（6834）	續抱	**+12,750**	噴出
鉅祥（2476）	續抱	**+0**	小獲利
光洋科（1785）	續抱	**-3,400**	小虧損

6/14 持股健康度分數計算過程：

噴出檔數－小虧損檔數＋ 1

＝ 3 － 1 ＋ 1 ＝ 3　→可新增 3 檔股票。

經歷了兩週系統換牌術的示範，大家應該可以體驗到逐步新增手牌的感覺。即使像我們一開始滿手小虧損的卡，也能在汰弱換強的過程中，換到幾張神之卡，此後就每天注意是否符合飛龍出場條件，依照 SOP 停利。

從圖表 5-36 可以看到，一開始手牌數不多，組合也不穩定，必須放棄虧損的牌來換卡。但隨著壞卡被淘汰，神之卡除漸增加，持股健康度分數隨之提高，投入資金也會越多，到最後，滿手都是獲利超過 5% 的股票。

如果還不熟練，建議從一張手牌開始累積，每次抽也只抽一張，不要太急；比較有經驗的就首抽 3 ～ 5 張，不要超過資金的一半都 OK。

最後提醒大家，在看歷史 K 棒模擬系統化操作時，最忌諱看到結果去選股，隨機才能測試出這套系統有沒有獲利的能力。儘管過去績效不代表未來狀況，但系統化操作絕對禁得起時間的考驗。

實際操作的時候，萬一無法獲利，務必從中檢討原因，例如持股超出負荷、進出節奏不好，進化成更適合自己的版本。

等到熟練了，不只動作會越來越快，選股能力也會隨著盤感提升，若做得到穩健獲利，就能從均勻配置再進化，遇到有把握的標的就多買一點，資金效用最大化。

日期手牌數	未實現損益總和	已實現損益總和	總投入資金水位	持股健康度分數
6/4 3 檔持股	**-6,700**	**0**	36.95%	**-2**
6/5 3 檔持股	**-8,000**	**0**	36.95%	**-2**
6/6 3 檔持股 後賣出 1 檔	**-5,500**	**-3,500**	36.95% → 26.8%	**-1**
6/7 2 檔持股	**+20,500**	**0**	26.8%	**3**
6/11 抽牌 共 3 檔持股	**+34,300**	**0**	37.59%	**3**
6/12 抽牌 共 4 檔持股 後賣出 1 檔	**+60,800**	**-200**	47.79% → 37.59%	**4**
6/13 抽牌 共 4 檔持股	**+78,150**	**0**	48.09%	**4**
6/14 抽牌 共 5 檔持股	**+81,350**	**0**	58.87%	**3**

註：總投入資金水位固定以「投入資金÷100萬元」計。

圖表 5-36　操作進出總整理

　　實際上，我不把獲利 30% 以下的股票視為飆股，而是用來換到「神之卡」的代價罷了。

第 **6** 章

資金保護傘，
掌握進場及空手時機

什麼是資金保護傘？

這是股票莊爸獨門研發的系統，用視覺化的指標，幫助判斷目前大盤氣氛是偏漲或走跌。投資人在大盤氣氛偏漲時進場，會比走跌的時候更容易賺到錢。

資金保護傘能幫助我們一眼看出現在的市場多空氣氛，在這一章節中，不僅會說明這項工具的用法，而且莊爸還會手把手帶著讀者，一步步的打造出資金保護傘。只要有網路和 Excel 試算表程式，就能自行計算，繪製出個人專屬的圖表，對於投資人而言，是一項十分方便而好用的工具。

一起來看看資金保護傘的原理吧！

6-1 用科學方式估算股市熱度，確定是否該進場

大家買過西瓜嗎？有時候，我們明明花了一樣的錢，買到的西瓜甜度卻不太一樣，為什麼？日照、水分、土壤……這些都會影響，換句話說，甜度與西瓜的生長環境有很大的關係。

做股票也是這樣，明明用的是同一套方法，偏偏有時候好做，有時候又變得很難做，為什麼？與大盤環境有關，可以簡單分成空頭與多頭。多頭盤勢下，多數股票容易上漲，可能隨便買、隨便賺，連股市新手都很有成就感；反觀空頭盤勢，多數股票容易下跌，自然不好操作。

以下用簡單的數字來舉例說明，大家或許更有感。

參考圖表6-1，我總共有100萬，平均買進10檔股票。在多頭盤勢，股票有80%機率會上漲、20%機率會下跌，10檔股票中，可能有8檔上漲，只有2檔下跌。

假設上漲報酬率30%、下跌虧損率10%，表示每檔股票都投入10萬的話，上漲的會賺3萬，下跌的會賠1萬。換句話說，8檔上漲會賺24萬，2檔下跌會虧2萬，總共賺22萬，總報酬率22%。

在空頭盤勢，股票僅有10%機率會上漲，10檔股票中，可能只有1檔上漲，高達9檔走跌，而且上漲的那一檔股票，力道也不會太強，上漲幅度比不上多頭，因此我們假設上漲報酬率大約是20%，投入10

萬只會賺到 2 萬。

走空頭時，賠錢的股票容易賠更多，所以我們假設下跌虧損率為 30%，9 檔共投入 90 萬，就虧損了 27 萬。即使上漲那檔賺了 2 萬，結算還是賠了 25 萬，總報酬率 -25%。

長期這樣循環之下，如果不論多空頭，都用相同的資金量來操作，賺 22 萬、賠 25 萬、賺 22 萬、賠 25 萬……最後出來的整體報酬率也會是負值。

	多頭	空頭
上漲機率	80%	10%
上漲報酬	30%	20%
下跌機率	20%	90%
下跌虧損	10%	30%
總報酬率	22%	-25%

圖表 6-1　一樣買進 10 檔股票，環境不同，結果也不同

正所謂「萬事俱備，只欠東風」，縱使你有好的選股技巧、好的操作系統，但若不是在對的盤勢中進場，就相當容易事倍功半。所以說，要穩健獲利就要慎選盤勢，才能保護住資金，在對的時機勇敢進場，有危險的時候則是減碼或撤退。

說了這麼多，到底要怎麼判斷盤勢？

我研發了一套「資金保護傘」系統，只要有 Excel，大家都能應用

（第二節會教大家如何造傘），算是很方便的工具，也是本章的重點。

學會之後，大家可以回頭自我檢視，為什麼操作多年的績效並不理想？是不是沒有注意到環境？即使多頭時賺到幾檔飆股，但空頭時只要拗單、沒有資金控管，就可能把前面賺的都賠光。

避免在綠傘下操作，降低虧損風險

所謂的資金保護傘，是在判斷多空後，決定持股比重的方式。**多頭時，可以大膽拉高持股比重；空頭時，就要降低持股比重，降低虧損，藉此達到保護資金的效果。**

我通常會把多頭稱為「紅傘」，把空頭稱為「綠傘」。要判斷大盤開紅傘還是開綠傘，就看加權指數（大盤指數）是否站上各月分的多空轉折點，有站上為紅傘，沒站上為綠傘。下一節會說明怎麼計算多空轉折點，這邊先不贅述，大家先有個概念就好。

如果投資人還不太會控管資金，我一律建議，綠傘下先空手，不要進場買賣操作，因為時機點並不好。就算真的要操作，也應該以少量短線做多為主，這樣便能在降低風險的同時蓄積能量，等到紅傘開啟，就具備了一定的資金部位。

更進一步來看，如果我們避開綠傘不操作，又在紅傘時加碼，甚至有機會擴大獲利。以下的例子是我計算出特定時期的「資金保護傘」數據後，再用圖像化的方式呈現，便於讀者理解。接下來我們先看看實例說明，稍晚再解說這些數據是如何計算。

圖表 6-2 與圖表 6-3 的下方黑色及紫色區域，分別代表綠傘與紅傘。圖表 6-2 是 2022 年的資金保護傘，從下方轉折傘可以看到，雖然紅綠傘都有開，但開綠傘的時間明顯更長，全年跌幅超過 20%、確實是個空頭年，對很多投資人來說不好操作，整體績效往下（註：紫殺學院聖杯有「資金保護傘」功能，其中風險評估設定有不同組合，本章皆設定爲一般投資者＋月轉折）。

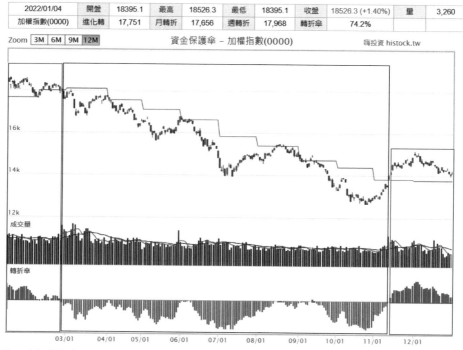

| 2022/01/04 | 開盤 | 18395.1 | 最高 | 18526.3 | 最低 | 18395.1 | 收盤 | 18526.3 (+1.40%) | 量 | 3,260 |
| 加權指數(0000) | 進化轉 | 17,751 | 月轉折 | 17,656 | 週轉折 | 17,968 | 轉折傘 | 74.2% | | |

Zoom 3M 6M 9M 12M　　　　資金保護傘 – 加權指數(0000)　　　　嗨投資 histock.tw

註：此為嗨投資理財學院「紫殺的股票當沖波段戰鬥營」之專屬學院聖杯，分類在「資金保護傘」中，付費加入學院即可使用。

圖表 6-2　2022 年資金保護傘

但換個角度思考，如果避開綠傘階段，可以少賠多少？紅傘階段該賺的有賺，綠傘階段會賠的沒賠，是不是獲利就提高了？

繼續觀察圖表 6-2，可以看到轉折傘的柱體越長，表示加權指數離多空轉折點越遠。

綠傘轉換到紅傘的過程中，一定會先回到中線再上升，有人便趁著綠傘接近中線、看似即將翻紅的時候買進股票，卻可能越接越低、不斷攤平。因為在還沒正式翻紅前都是綠傘，即使是有飆股潛力的個股，在綠傘階段股價也比較難噴上去。

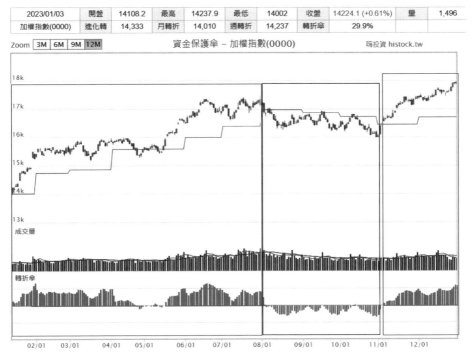

| 2023/01/03 | 開盤 | 14108.2 | 最高 | 14237.9 | 最低 | 14002 | 收盤 | 14224.1 (+0.61%) | 量 | 1,496 |
| 加權指數(0000) | 進化轉 | 14,333 | 月轉折 | 14,010 | 週轉折 | 14,237 | 轉折傘 | 29.9% | | |

圖表 6-3　2023 年資金保護傘

若看到綠傘收斂到中線、認為有機會翻紅，實在手癢到不行，先小量試單就好，畢竟「有機會」不等於百分之百，萬一失敗了，虧損也不多；如果順勢站上轉折點，表示盤可能轉強，一旦開始感覺不穩，仍要隨時準備撤退。

綜上所述，投資策略比較保守、希望進場在安全位置的投資人，建議等到真正站上轉折點、確認翻紅傘再進場。

緊接而來的 2023 年，剛好形成對比，是一個多頭年，開紅傘的時間明顯多於開綠傘的時間（見圖表 6-3）。如果避開綠傘之後，又在紅傘階段勇敢加碼，既減少了虧損，本來就賺的又賺了更多，整體獲利當然就增加了。

所以說，像這樣在容易虧損的情況下不賠，並且在可以獲利的時候多賺，一來一回，便能補回空窗期的績效，達到整年度都開紅傘的效果。

保護傘最大目的：調整持股比重

我們已經知道，開紅傘時的績效比較好、開綠傘時表現不盡理想，因此最好選在紅傘時加碼。

但要加碼多少？無腦全押？究竟該怎麼判斷比較好？最初，我一直在思考這些問題。如果有個明確數字的話，便可以系統化，按照 SOP 操作，而不是僅憑感覺行事。

經過一陣子的比對、分析，我研發了資金保護傘，投資人可以依照計算出來的數字，適時加減碼，有根據地調整持股比重，就不需要每天猜高猜低。

重點簡單整理如下：

如何依照資金保護傘，調整持股比重？

1. 基本邏輯：保護傘是多少（最多 100%），持股比重就多少。
2. 當保護傘超過 100%，持股比重要開始倒扣，超過多少扣多少。
3. 承 2.，保護傘未降到 50% 之前，持股比重只減不增。
4. 承 3.，保護傘降到 50% 後，回到用基本邏輯調整持股比重。

本節我只會先講解邏輯。雖然用到的圖片截自嗨投資理財學院「紫殺的股票當沖波段戰鬥營」，屬於付費服務，但大家別擔心，只要會上網、有 Excel，自己也能計算保護傘數值，下一節就會詳細說明了。

首先，我把圖表 6-2、6-3 上方的表格單獨截取成圖表 6-4，其中「轉折傘」就是資金保護傘，數值代表的是持股比重，亦即可以持股的「上限」，例如準備投入 10 萬資金，當保護傘為 50%，表示最多先投入 10 萬的 50%，也就是 5 萬，只能少、不能多。

同樣道理，如果準備投入 20 萬資金，當保護傘為 32%，表示頂多先投入 6.4 萬元（20 萬 × 32%）。如果準備投入 15 萬資金，當保護傘為 70%，表示最多可以投入 10.5 萬元（15 萬 × 70%），以此類推。

| 2022/01/04 | 開盤 | 18395.1 | 最高 | 18526.3 | 最低 | 18395.1 | 收盤 | 18526.3 (+1.40%) | 量 | 3,260 |
| 加權指數(0000) | 進化轉 | 17,751 | 月轉折 | 17,656 | 週轉折 | 17,968 | 轉折傘 | 74.2% | | |

| 2023/01/03 | 開盤 | 14108.2 | 最高 | 14237.9 | 最低 | 14002 | 收盤 | 14224.1 (+0.61%) | 量 | 1,496 |
| 加權指數(0000) | 進化轉 | 14,333 | 月轉折 | 14,010 | 週轉折 | 14,237 | 轉折傘 | 29.9% | | |

圖表 6-4　轉折傘（資金保護傘）代表持股比重

　　圖表 6-4 中，2022/1/4 的轉折傘為 74.2%，建議持股 74.2%，看到後續不斷走跌，年初有趁著紅傘操作的投資人，會慶幸自己有把握機會先賺一波；而下一年──2023/1/3 的轉折傘是 29.9%，建議持股 29.9%，後面隨著行情擴大，保護傘數值也會提高，這時再增加持股就好。

　　有時候，環境走大多頭，保護傘的數字會超過 100%，難道要額外多投入資金嗎？

　　不，多頭到後面，行情可能過熱，準備抓最後一隻進場的老鼠，所以我們反倒要調降持股，從 100% 開始倒扣，超過 100% 多少就扣多少。比方說，保護傘為 140%，比 100% 多出 40%，那麼持股比重也要倒扣 40%，降到 60% 就好。

　　接下來，保護傘數值可能上上下下，但**當我們從 100% 開始倒扣，後面就只會減碼、不會加碼，直到數值低於 50%，才會回歸原先的增減碼模式。**

　　也就是說，延續剛剛的例子，持股比例降到 60% 之後，即使保護傘回升到 90%，我們也不能增加持股到 90%，應該維持在 60%。假如保護傘繼續降到 55%，就要按照原邏輯減碼，將持股比例降到 55%。

但 55% 仍不到 50%，所以還沒回歸原始的加減碼模式。如果這時候，保護傘回到 60%，持股比例應為多少？沒錯，維持 55% ！那如果降到 52% 呢？就跟著降到 52%。

假設保護傘降到 45%，我們的持股比重也會降到 45%；不一樣的是，由於保護傘已經低於 50%，意味著修正達一定程度，開始可以隨著保護傘增加持股比重（見圖表 6-5）。

保護傘依序變化	持股比重	邏輯說明
50%	50%	保護傘＝持股比例
100%	100%	
120%	80%	保護傘超過 100%，持股比重應倒扣
140%	60%	
90%	60%	保護傘超過 100%，在低於 50% 之前，持股只減不增
60%	60%	
55%	55%	
45%	45%	保護傘低於 50%，可開始加碼
55%	55%	保護傘＝持股比例

圖表 6-5　保護傘超過 100%，後面只會減碼、不會加碼，直到低於 50%

實務上，我們不必奢望每次行情都能獲利，但期望多頭時能夠重押大賺，空頭時能夠將持股降到最低，甚至全身而退，這對散戶來說尤其重要。

建立系統化操作，沒有想像中困難

本節重點先放在環境因素上，說明在紅傘下操作的重要性，畢竟有時不好操作，不全然是策略的問題，與當下開紅傘還是綠傘也有關係。

下一節我將會分享最基本的造傘活動五階段，一步步帶大家搜尋資料，並利用 Excel 統整結果，讓各位投資人都能逐步建立起自己的資金保護傘，知道如何調整持股比重。

當我們能夠做到系統化操作、確認條件成立才動作，像這樣嚴守紀律，就可以克服心魔，更平靜地面對每一次操作，不會患得患失或不敢進場。

6-2 五階段幫你打造屬於自己的保護傘

經過上一節的介紹，資金保護傘的重要性顯而易見，而這個簡單用來檢視多空的方法，我自己也每天使用。

那麼我們該如何「造傘」，打造出屬於自己的保護傘呢？以下會依照不同階段逐步說明，建議大家同步嘗試，以利未來熟練運用。

階段 1：查詢歷史資料

查詢歷史資料的方式不只一種，有人透過券商軟體，有人利用證交所網站，而我推薦免費的「Goodinfo! 臺灣股市資訊網」，有關台股的資訊，裡頭幾乎都有。

我們這次要查詢的，是「台股加權指數」，又稱大盤指數，可掃描下方 QR Code 直接連結（網址：https://reurl.cc/LlVbA7）。

Goodinfo! 臺灣股市資訊網，
加權指數頁面

以下用 2021/10/1 ～ 2022/12/31 的月線示範：

Step ❶ 開啟頁面後下拉，在 K 線圖把「時間週期」設為「月線」。

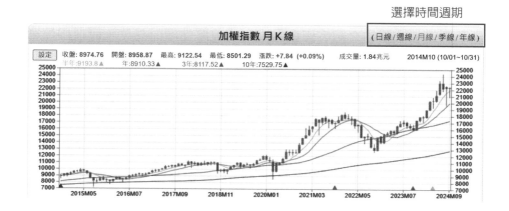

Step ❷ 繼續往下拉到接近頁面底部，將歷史資訊表格左上角的「期間」，設定在 2021/10/01 ～ 2022/12/31，接著按「查詢」更新資料，再點擊右上角「匯出」的「XLS」，下載 Excel 檔案。

① 設定指定期間並查詢　　　　　　　　　　　　② 下載 Excel 檔案

交易月份	交易日數	開盤	最高	最低	收盤	漲跌	漲跌(%)	振幅(%)	總成交(億元)	日成交均量	外資	投信	自營	合計	餘額	增減	餘額	增減
22M12	22	15059.92	15152.38	13981.63	14137.69	-741.86	-4.99	7.87	44,493.93	2,022	-779	+142	-557	-1,195	1,665	+11.3	61.8	-2.35
22M11	22	12933.12	14879.55	12868.25	14879.55	+1929.8	+14.9	15.5	49,526.69	2,251	+1,868	+158	-429	+1,596	1,654	+0.83	64.2	+2.01
22M10	20	13359.26	13902.02	12629.48	12949.75	-474.83	-3.54	9.48	38,610.08	1,931	-950	+165	+86.2	-699	1,653	-125	62.2	+1.19
22M09	21	14981	14981	13274.72	13424.58	-1670.86	-11.1	11.3	42,007.63	2,000	-1,686	+277	-490	-1,899	1,778	-162	61	-0.71
22M08	23	14982.27	15475.89	14545.69	15095.44	+95.37	+0.64	6.2	46,413.12	2,018	-1,190	+382	-117	-924	1,940	+30.9	61.7	+2.84
22M07	21	14812.13	15035.27	13928.66	15000.07	+174.34	+1.18	7.46	48,316.34	2,301	-178	+265	+101	+189	1,909	-158	58.8	+7.86
22M06	21	16718.91	16811.04	14825.73	14825.73	-1982.04	-11.8	11.8	50,842.24	2,421	-2,190	+33.3	+335	-1,822	2,067	-339	51	+1.47
22M05	21	16593.21	16807.77	15616.68	16807.77	+215.59	+1.3	7.18	49,991.33	2,381	-37	+180	-155	-12.1	2,406	-112	49.5	+11.7

Step ❸ 打開 Excel 檔案，即可清楚看到指定區間的歷史資料。

　　使用 Excel 的優勢，在於有許多內建函數，可以快速算出總值及平均值，這些數值，造傘活動各階段都會用到。

　　由於希望人人都會，所以我分享的指令步驟比較土法煉鋼，擅長 Excel 的人，當然也可以用自己的方法整理表格。

階段 2：計算月轉折

前一階段還只是學習如何下載資料而已，從這一階段開始，才真正進入保護傘製作流程。

設定保護傘，需要用到司令操盤手——劉建忠所提出的「月轉折」概念，計算方式如下：

$$月轉折點 ＝（兩個月最高點＋兩個月最低點）÷ 2$$

要注意的是，算出的轉折點為下個月的多空分界點，並非當月的多空分界點，畢竟用來取最高點及最低點的兩個月，基本上都過完了，算出的轉折點要拿到下一個月分使用才有意義。

舉例來說，1 月、2 月算出的轉折點為 17,000，要在 3 月使用，因此 3 月只要站上 17,000 就做多，跌破 17,000 就做空。

為什麼要用這個公式來設定保護傘呢？一來簡單好記，二來很多人可能不太擅長用 Excel 處理資料，但利用這個公式的話，即使手寫、手算，照樣可以設定保護傘。

用 Excel 計算月轉折的步驟如下：

Step ❶ 整理上一階段下載的加權指數資料：可以只留「交易月分、開盤、最高、最低、收盤」，其餘欄位就選取起來，按滑鼠右鍵後選擇「刪除」。

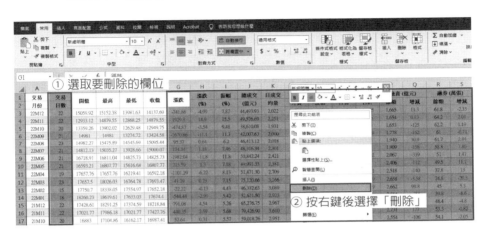

Step ❷ 選取表頭的兩列，依序點擊「常用＞跨欄置中＞取消合併儲存格」。

Step ❸ 選取並刪除第 2 列，將儲存格 A1 的文字改成「交易月分」。

② A1 文字改成「交易月分」

① 選取並刪除第 2 列

Step ❹ 依序點選「A1 儲存格＞資料＞篩選」，表頭隨即出現三角形的下拉式清單。

點開交易月分的下拉式清單，點擊「從 A 到 Z 排序」（有些版本的 Excel 會顯示「從最舊到最新排序」）後按「確定」，資料隨即會依照時間先後排列。

① 依序點選「A1 儲存格＞資料＞篩選」

② 交易月份的下拉式清單選「從 A 到 Z 排序」後按「確定」

Step ❺ 找出兩個月的最高點：表頭新增兩個月最高點、兩個月最低點
及轉折點後，在儲存格 F3 插入「最大值」的函數（公式＞插
入函數＞統計＞ MAX）後按「確定」。
若使用的 Excel 版本有「自動加總」功能，也可於下方箭頭清
單中選擇「最大值」。

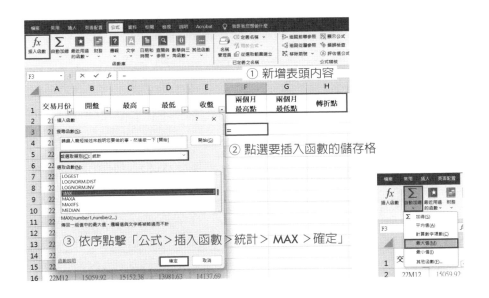

Step ❻ 因為是取兩個月的高點，所以要把資料範圍限制在 C2 ～ C3，
寫成 Excel 看得懂的指令就是圖中的「C2:C3」；當然也可以直
接按著滑鼠左鍵選取範圍，設定完按「確定」。

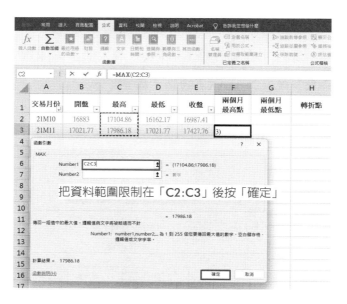

Step 7 點選 F3，再將游標移至 F3 右下角，會出現小小的黑色十字，此時滑鼠左鍵按著往下拉，即可將最大值公式往下套用至每個月。

Step ❽ 找出兩個月的最低點：在儲存格 G3 重複 Step 5 ～ 7，不過要將
插入函數改為「最小值」（公式＞插入函數＞統計＞ MIN）並
按確定，再把資料範圍限制在 D2 ～ D3（D2:D3）。
若使用的 Excel 版本有「自動加總」功能，也可於下方箭頭清
單中選擇「最小值」。

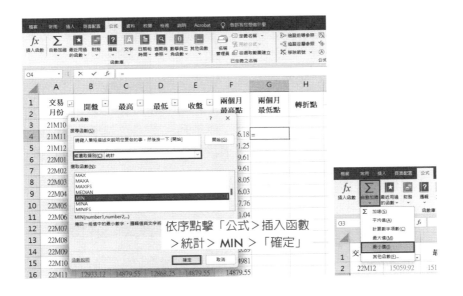

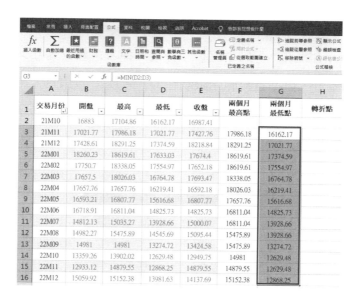

Step ❾ 轉折點＝（兩個月最高點＋兩個月最低點）÷2，故可直接在儲存格 H3 輸入算式「=(F3+G3)/2」，再將算式往下套用至每個月。

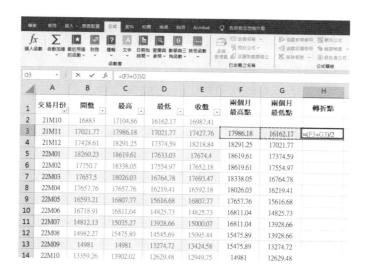

Step ⑩ 至此，我們得到了兩個月最高點、兩個月最低點及轉折點的所有數值。

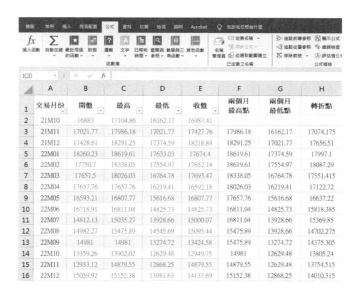

交易月份	開盤	最高	最低	收盤	兩個月最高點	兩個月最低點	轉折點
21M10	16883	17104.86	16162.17	16987.41			
21M11	17021.77	17986.18	17021.77	17427.76	17986.18	16162.17	17074.175
21M12	17428.61	18291.25	17374.59	18218.84	18291.25	17021.77	17656.51
22M01	18260.23	18619.61	17633.03	17674.4	18619.61	17374.59	17997.1
22M02	17750.7	18338.05	17554.97	17652.18	18619.61	17554.97	18087.29
22M03	17657.5	18026.03	16764.78	17693.47	18338.05	16764.78	17551.415
22M04	17657.76	17657.76	16219.41	16592.18	18026.03	16219.41	17122.72
22M05	16593.21	16807.77	15616.68	16807.77	17657.76	15616.68	16637.22
22M06	16718.91	16811.04	14825.73	14825.73	16811.04	14825.73	15818.385
22M07	14812.13	15035.27	13928.66	15000.07	16811.04	13928.66	15369.85
22M08	14982.27	15475.89	14545.69	15095.44	15475.89	13928.66	14702.275
22M09	14981	14981	13274.72	13424.58	15475.89	13274.72	14375.305
22M10	13359.26	13902.02	12629.48	12949.75	14981	12629.48	13805.24
22M11	12933.12	14879.55	12868.25	14879.55	14879.55	12629.48	13754.515
22M12	15059.92	15152.38	13981.63	14137.69	15152.38	12868.25	14010.315

Step ⑪ 前面說過，月轉折公式算出的轉折點，為下個月的多空分界點，而非當月的。因此，表頭要新增「當月多空轉折」，再把轉折點數值複製起來，下移一格貼到下月轉折欄，也就是從儲存格I4貼起。

要注意的是，貼上選項必須選「值」，才會把轉折點的數字貼過去，否則將連同公式一起貼上，導致數值自動改變。

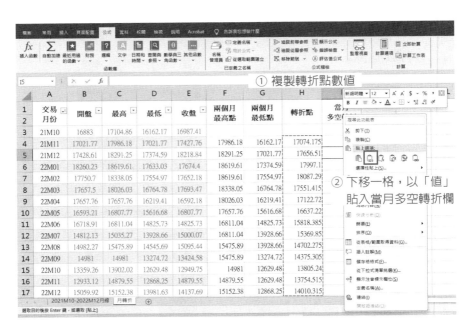

Step ⓬ 最終我們也知道了各月分的多空轉折，例如2022年3月的多空
轉折點是18,087，跌破多空轉折意味著翻空，站上才建議做多。

階段 3：簡單回溯績效

任何指標、策略設定之後，一定要做回測，藉由歷史來驗證，這套邏輯成不成立，資金保護傘也不例外。

有些人回測，會考慮到很多事情，例如經濟指標、市場情緒、成交量等等，但我的回測沒這麼複雜，只要利用接下來的方法，簡易回溯績效即可。

Step ❶ 延續前面兩階段的範例，我把 2022 年的各月轉折（也就是階段 2 表格中的當月多空轉折）結果整理如下。

月份	月轉折
2022 年 1 月	17,656.51
2022 年 2 月	17,997.1
2022 年 3 月	18,087.29
2022 年 4 月	17,551.415
2022 年 5 月	17,122.72
2022 年 6 月	16,637.22
2022 年 7 月	15,818.385
2022 年 8 月	15,369.85
2022 年 9 月	14,702.275
2022 年 10 月	14,375.305
2022 年 11 月	13,805.24
2022 年 12 月	13,754.515

用階段 1、2 學到的方法，下載 2022 年的加權指數「日線」資料後，刪除用不到的欄位，並把日期由先到後排列。

把日期改成 Excel 看得懂的樣子（以免圖像化的時候無法正常顯示）：複製日期中的 '22，再依序點擊「常用＞尋找與選取＞取代」，設定尋找目標「'22」取代成「2022」，然後「全部取代」。

① 依序點擊「常用＞尋找與選取＞取代」

② 設定取代條件後按「全部取代」

Step ❸ 新增「月轉折」欄位，再依照日期的月分，把對應的月轉折數值貼到月轉折欄，如 1 月份轉折 17,656.51 貼到 1/1 ～ 1/31、2 月份轉折 17,997.1 貼到 2/1 ～ 2/28，以此類推。

想要區分不同月分，可以利用常用功能列中「字型」的「油漆桶」（填滿色彩），改變欄位顏色。

② 改變欄位顏色

① 依照月分，貼上
　對應的月轉折

Step ④ 表頭增加「收盤－月轉折」，再於儲存格 G2 輸入算式「=E2-F2」，
算出收盤價減去月轉折的數值，並將算式往下套用至每一天。
為什麼用收盤價計算，而不是開盤價？因為盤中有很多變數，
直到收盤才能確定，所以**用收盤價計算會比較接近實際情況**，
更有助於建立穩健獲利的方程式；但也因為收盤了，所以只能
隔天再操作。

Step ❺ 按照「由負翻正」或「由正翻負」，將「收盤－月轉折」數值標上顏色（我習慣翻正用紅色，翻負用綠色）。

如果數值由負翻正，代表站上轉折，隔日開盤可做多（買）；

如果由正翻負，代表跌破轉折，隔日開盤補多單做空（賣）。

	A	B	C	D	E	F	G
1	交易日期	開盤	最高	最低	收盤	月轉折	收盤－月轉折
18	2022/1/25	17890.71	17890.71	17645.66	17701.12	17656.51	44.61
19	2022/1/26	17657.97	17776.42	17633.03	17674.4	17656.51	17.89
20	2022/2/7	17750.7	17900.3	17712.35	17900.3	17997.1	-96.8
21	2022/2/8	17955.95	18063.55	17955.95	17966.56	17997.1	-30.54
22	2022/2/9	18060.33	18168.6	18039.23	18151.76	17997.1	154.66
23	2022/2/10	18217.29	18338.05	18145.04	18338.05	17997.1	340.95
24	2022/2/11	18258.81	18310.94	18191.75	18310.94	17997.1	313.84
25	2022/2/14	18182.73	18182.73	17965.22	17997.67	17997.1	0.57
26	2022/2/15	17978.44	18085.91	17942.68	17951.81	17997.1	-45.29
27	2022/2/16	18109.17	18233.79	18109.17	18231.47	17997.1	234.37
28	2022/2/17	18213.3	18330.63	18190.24	18268.57	17997.1	271.47
29	2022/2/18	18250.37	18262.96	18098.52	18232.35	17997.1	235.25
30	2022/2/21	18196.4	18253.1	18129.65	18221.49	17997.1	224.39
31	2022/2/22	18159.51	18159.51	17840.38	17969.29	17997.1	-27.81
32	2022/2/23	17954.75	18109.28	17954.75	18055.73	17997.1	58.63
33	2022/2/24	17939.53	17939.53	17561.07	17594.55	17997.1	-402.55
34	2022/2/25	17617.36	17737.32	17554.97	17652.18	17997.1	-344.92

Step ❻ 依照「收盤－月轉折」由負翻正或由正翻負的日期，填入動作以及隔日的進單點，再算出多空單的獲利點數。

	A 交易日期	B 開盤	E 收盤	F 月轉折	G 收盤－月轉折	H 動作	I 買	J 賣	K 獲利點數
15	2022/1/20	18212.26	18218.28	17656.51	561.77				
16	2022/1/21	18113.94	17899.3	17656.51	242.79				
17	2022/1/24	17843.33	17989.04	17656.51	332.53				
18	2022/1/25	17890.71	17701.12	17656.51	44.61				
19	2022/1/26	17657.97	17674.4	17656.51	17.89				
20	2022/2/7	17750.7	17900.3	17997.1	-96.8	賣訊出現，隔日開盤做空			
21	2022/2/8	17955.95	17966.56	17997.1	-30.54			17955.95	
22	2022/2/9	18060.33	18151.76	17997.1	154.66	買訊出現，隔日開盤做多			
23	2022/2/10	18217.29	18338.05	17997.1	340.95		18217.29		-261.34
24	2022/2/11	18258.81	18310.94	17997.1	313.84				
25	2022/2/14	18182.73	17997.67	17997.1	0.57				
26	2022/2/15	17978.44	17951.81	17997.1	-45.29	賣訊出現，隔日開盤做空			
27	2022/2/16	18109.17	18231.47	17997.1	234.37	買訊出現，隔日開盤做多		18109.17	-108.12
28	2022/2/17	18213.3	18268.57	17997.1	271.47		18213.3		-104.13
29	2022/2/18	18250.37	18232.35	17997.1	235.25				

Step ❼ 統整表格，把沒有參考到的數值，以及沒有訊號與動作的日期資料選取起來，接著游標移到最左邊數字欄後按滑鼠右鍵，點選「隱藏」，想刪除也可以。

	A	B	E	F 月轉折	G 收盤－月轉折	H 動作	I 買	J 賣	K 獲利點數
			18436.93	17656.51	780.42				
			18403.33	17656.51	746.82				
			18525.44	17656.51	868.93				
			18378.64	17656.51	722.13				
			18227.46	17656.51	570.95				
			18218.28	17656.51	561.77				
			17899.3	17656.51	242.79				
			17989.04	17656.51	332.53				
			17701.12	17656.51	44.61				
			17674.4	17656.51	17.89				
			17900.3	17997.1	-96.8	賣訊出現，隔日開盤做空			
21	2022/2/8	17955.95	17966.56	17997.1	-30.54			17955.95	
22	2022/2/9	18060.33	18151.76	17997.1	154.66	買訊出現，隔日開盤做多			
23	2022/2/10	18217.29	18338.05	17997.1	340.95		18217.29		-261.34
24	2022/2/11	18258.81	18310.94	17997.1	313.84				

Step ❽ 在最後一筆獲利點數下,插入加總公式(公式>插入函數>數
學與三角函數> SUM),範圍設定在現有的 K20 ～ K213,即
為回測績效。

依序點擊「公式>插入函數>數學與三角函數> SUM >確定」

Step ❾ 結果如下。

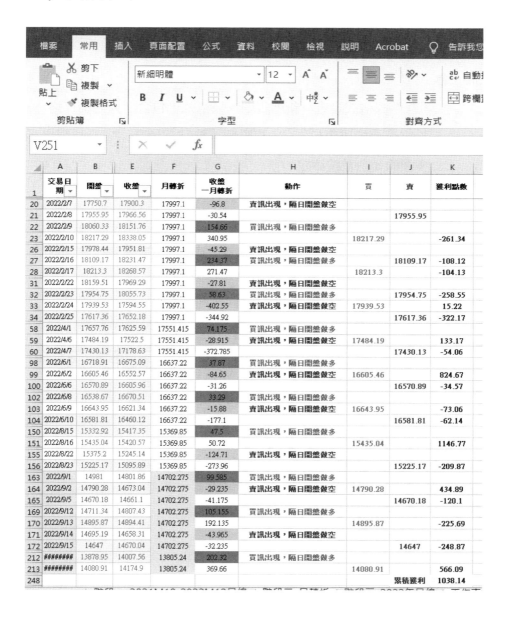

	A 交易日期	B 開盤	E 收盤	F 月轉折	G 收盤－月轉折	H 動作	I 買	J 賣	K 獲利點數
20	2022/2/7	17750.7	17900.3	17997.1	-96.8	賣訊出現，隔日開盤做空			
21	2022/2/8	17955.95	17966.56	17997.1	-30.54			17955.95	
22	2022/2/9	18060.33	18151.76	17997.1	154.66	買訊出現，隔日開盤做多			
23	2022/2/10	18217.29	18338.05	17997.1	340.95		18217.29		-261.34
26	2022/2/15	17978.44	17951.81	17997.1	-45.29	賣訊出現，隔日開盤做空			
27	2022/2/16	18109.17	18231.47	17997.1	234.37	買訊出現，隔日開盤做多		18109.17	-108.12
28	2022/2/17	18213.3	18268.57	17997.1	271.47		18213.3		-104.13
31	2022/2/22	18159.51	17969.29	17997.1	-27.81	賣訊出現，隔日開盤做空			
32	2022/2/23	17954.75	18055.73	17997.1	58.63	買訊出現，隔日開盤做多		17954.75	-258.55
33	2022/2/24	17939.53	17594.55	17997.1	-402.55	賣訊出現，隔日開盤做空	17939.53		15.22
34	2022/2/25	17617.36	17652.18	17997.1	-344.92			17617.36	-322.17
58	2022/4/1	17657.76	17625.59	17551.415	74.175	買訊出現，隔日開盤做多			
59	2022/4/6	17484.19	17522.5	17551.415	-28.915	賣訊出現，隔日開盤做空	17484.19		133.17
60	2022/4/7	17430.13	17178.63	17551.415	-372.785			17430.13	-54.06
98	2022/6/1	16718.91	16675.09	16637.22	37.87	買訊出現，隔日開盤做多			
99	2022/6/2	16605.46	16552.57	16637.22	-84.65	賣訊出現，隔日開盤做空	16605.46		824.67
100	2022/6/6	16570.89	16605.96	16637.22	-31.26			16570.89	-34.57
102	2022/6/8	16538.67	16670.51	16637.22	33.29	買訊出現，隔日開盤做多			
103	2022/6/9	16643.95	16621.34	16637.22	-15.88	賣訊出現，隔日開盤做空	16643.95		-73.06
104	2022/6/10	16581.81	16460.12	16637.22	-177.1			16581.81	-62.14
150	2022/8/15	15332.92	15417.35	15369.85	47.5	買訊出現，隔日開盤做多			
151	2022/8/16	15435.04	15420.57	15369.85	50.72			15435.04	1146.77
155	2022/8/22	15375.2	15245.14	15369.85	-124.71	賣訊出現，隔日開盤做空			
156	2022/8/23	15225.17	15095.89	15369.85	-273.96			15225.17	-209.87
163	2022/9/1	14981	14801.86	14702.275	99.585	買訊出現，隔日開盤做多			
164	2022/9/2	14790.28	14673.04	14702.275	-29.235	賣訊出現，隔日開盤做空	14790.28		434.89
165	2022/9/5	14670.18	14661.1	14702.275	-41.175			14670.18	-120.1
169	2022/9/12	14711.34	14807.43	14702.275	105.155	買訊出現，隔日開盤做多			
170	2022/9/13	14895.87	14894.41	14702.275	192.135		14895.87		-225.69
171	2022/9/14	14695.19	14658.31	14702.275	-43.965	賣訊出現，隔日開盤做空			
172	2022/9/15	14647	14670.04	14702.275	-32.235			14647	-248.87
212	#######	13878.95	14007.56	13805.24	202.32	買訊出現，隔日開盤做多			
213	#######	14080.91	14174.9	13805.24	369.66		14080.91		566.09
248								累積獲利	1038.14

在**判斷多翻空、空翻多**的時候，數字那麼多，自己逐一標記，難免眼花看錯，有其他方法嗎？當然有，Excel 裡就有這樣的功能，步驟如下：

Step ❶ 選取「收盤－月轉折」所有儲存格，於常用功能列中依序點選「條件式格式設定＞新增規則＞只格式化包含下列的儲存格」，設定「大於或等於 0」，再點擊「格式＞填滿」，選擇要表示多頭的顏色並按確定。

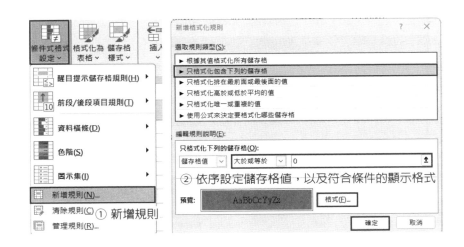

Step ❷ 操作方式同 Step ❶，只是新增規則改為「小於或等於 0」，再
　　　　設定要表示空頭的顏色。

Step ❸ 顯示效果如下，可以快速看出顏色變換的地方。

	A	B	E	F	G	H	I	J	K
1	交易日期	開盤	收盤	月轉折	收盤 －月轉折	動作	買	賣	獲利 點數
15	2022/1/20	18212.26	18218.28	17656.51	561.77				
16	2022/1/21	18113.94	17899.3	17656.51	242.79				
17	2022/1/24	17843.33	17989.04	17656.51	332.53				
18	2022/1/25	17890.71	17701.12	17656.51	44.61				
19	2022/1/26	17657.97	17674.4	17656.51	17.89				
20	2022/2/7	17750.7	17900.3	17997.1	-96.8	賣訊出現，隔日開盤做空			
21	2022/2/8	17955.95	17966.56	17997.1	-30.54			17955.95	
22	2022/2/9	18060.33	18151.76	17997.1	154.66	買訊出現，隔日開盤做多			
23	2022/2/10	18217.29	18338.05	17997.1	340.95		18217.29		-261.34
24	2022/2/11	18258.81	18310.94	17997.1	313.84				
25	2022/2/14	18182.73	17997.67	17997.1	0.57				
26	2022/2/15	17978.44	17951.81	17997.1	-45.29	賣訊出現，隔日開盤做空			
27	2022/2/16	18109.17	18231.47	17997.1	234.37	買訊出現，隔日開盤做多		18109.17	-108.12
28	2022/2/17	18213.3	18268.57	17997.1	271.47		18213.3		-104.13
29	2022/2/18	18250.37	18232.35	17997.1	235.25				

在此例中，單論 2022 年的交易次數，共計 20 次，獲利點數 1,038 點，如果操作 1 口大型台指期貨（大台），1 點可賺 200 元，1,038 點就賺 20 萬 7,600 元（這裡著重在概念上，實際台指期和加權指數會有一些誤差）。

2022 年，大台原始保證金大致為 18 萬 4,000 元（保證金會浮動，最新規定依期交所公告為準），假設用 5 口大台的保證金去操作 1 口大台，績效大約是 22.6%（獲利 20 萬 7,600 元÷92 萬元原始保證金），稱不上非常亮眼，但回想 2022 年是個空頭年，以簡單的月轉折策略就達到如此績效，已經很不錯了，更別說市場上有很多績效表只是過度美化。

有些使用程式交易的高手，會在盤後說自己今天程式在幾點幾分進場、獲利又是多少。但我認為，每個人適合的方式不同，與其鑽研

自己無法掌握的策略，相信簡單的指標，等待收盤訊號，隔日才動作，這樣就足夠了。

階段 4：保護傘設定

相信很多投資人不熟悉期貨操作，即使前面用台指期的績效，驗證月轉折策略，但這並非造傘的主旨，本書就不詳細說明了，直接切入造傘活動的核心——**怎麼把指標轉換成保護傘（即持股比重）**。

Step ❶ 依照階段 3 的步驟，將 2022 年的股市資料，算到「收盤－月轉折」。

	A	B	E	F	G	H	I
1	交易日期	開盤	收盤	月轉折	收盤－月轉折	保護傘	保護傘兩日平均
2	2022/1/3	18260.23	18270.51	17656.51	614	61.40%	
3	2022/1/4	18395.14	18526.35	17656.51	869.84	86.98%	74.19%
4	2022/1/5	18598.13	18499.96	17656.51	843.45	84.34%	85.66%
5	2022/1/6	18395.72	18367.92	17656.51	711.41	71.14%	77.74%
6	2022/1/7	18388.16	18169.76	17656.51	513.25	51.32%	61.23%
7	2022/1/10	18095.39	18239.38	17656.51	582.87	58.29%	54.81%
8	2022/1/11	18266.54	18288.21	17656.51	631.7	63.17%	60.73%
9	2022/1/12	18348.39	18375.4	17656.51	718.89	71.89%	67.53%
10	2022/1/13	18356.21	18436.93	17656.51	780.42	78.04%	74.97%
11	2022/1/14	18509	18403.33	17656.51	746.82	74.68%	76.36%
12	2022/1/17	18512.15	18525.44	17656.51	868.93	86.89%	80.79%
13	2022/1/18	18492.81	18378.64	17656.51	722.13	72.21%	79.55%
14	2022/1/19	18275.18	18227.46	17656.51	570.95	57.09%	64.65%
15	2022/1/20	18212.26	18218.28	17656.51	561.77	56.18%	56.64%
16	2022/1/21	18113.94	17899.3	17656.51	242.79	24.28%	40.23%
17	2022/1/24	17843.33	17989.04	17656.51	332.53	33.25%	28.77%
18	2022/1/25	17890.71	17701.12	17656.51	44.61	4.46%	18.86%
19	2022/1/26	17657.97	17674.4	17656.51	17.89	1.79%	3.12%
20	2022/2/7	17750.7	17900.3	17997.1	-96.8	-9.68%	-3.95%
21	2022/2/8	17955.95	17966.56	17997.1	-30.54	-3.05%	-6.37%
22	2022/2/9	18060.33	18151.76	17997.1	154.66	15.47%	6.21%
23	2022/2/10	18217.29	18338.05	17997.1	340.95	34.10%	24.78%
24	2022/2/11	18258.81	18310.94	17997.1	313.84	31.38%	32.74%

Step ❷ 保護傘＝（收盤－月轉折）÷1,000，所以要先在表頭新增「保護傘」，再於儲存格 H2 輸入算式「=G2/1000」，接著點擊常用功能列中「數值」的「%」（百分比樣式），把數字換成百分比。預設百分比可能只取整數位，想增加到小數點後兩位的話，就點擊兩次旁邊的「增加小數位數」。

Step ❸ 往下將公式套用至每一天，保護傘數值即持股比例。

注意，保護傘是從收盤價來的，算出結果那天，盤也走完了，只能隔天使用。也就是說，**保護傘負責給出訊號，告訴我們隔天該怎麼做**。

假設我在 1/10 持股 70%，當天收盤算出保護傘約 58%，意思是：「現在持股有點多了，明天要降到 58% 喔！」傳達的是減碼訊

號；當 1/11 收盤算出保護傘約 63%，則是加碼訊號：「明天可以多 5% 持股喔！」

	A	B	E	F	G	H
1	交易日期	開盤	收盤	月轉折	收盤－月轉折	保護傘
2	2022/1/3	18260.23	18270.51	17656.51	614	61.40%
3	2022/1/4	18395.14	18526.35	17656.51	869.84	86.98%
4	2022/1/5	18598.13	18499.96	17656.51	843.45	84.34%
5	2022/1/6	18395.72	18367.92	17656.51	711.41	71.14%
6	2022/1/7	18388.16	18169.76	17656.51	513.25	51.32%
7	2022/1/10	18095.39	18239.38	17656.51	582.87	58.29%
8	2022/1/11	18266.54	18288.21	17656.51	631.7	63.17%
9	2022/1/12	18348.39	18375.4	17656.51	718.89	71.89%
10	2022/1/13	18356.21	18436.93	17656.51	780.42	78.04%
11	2022/1/14	18509	18403.33	17656.51	746.82	74.68%
12	2022/1/17	18512.15	18525.44	17656.51	868.93	86.89%
13	2022/1/18	18492.81	18378.64	17656.51	722.13	72.21%
14	2022/1/19	18275.18	18227.46	17656.51	570.95	57.09%

Step ❹ 表頭新增「保護傘兩日平均」，於儲存格 I3 輸入「=(H2+H3)/2」後往下套用。

為什麼要算兩日平均？因為有時候，月轉折差異很大，導致換月保護傘數值急速下滑或上升；或是有時候，紅傘下突然翻空一天，隔天又再翻多，都會讓持股比重一下子調整太快。

當我們將兩日的保護傘數值平滑化，當成新的保護傘（也就是把昨天和今天的保護傘平均值，作為明天的持股比重），便能解決上述問題。

The formula bar shows: `I3` `=(H2+H3)/2`

	A	B	E	F	G	H	I
1	交易日期	開盤	收盤	月轉折	收盤－月轉折	保護傘	保護傘兩日平均
2	2022/1/3	18260.23	18270.51	17656.51	614	61.40%	
3	2022/1/4	18395.14	18526.35	17656.51	869.84	86.98%	74.19%
4	2022/1/5	18598.13	18499.96	17656.51	843.45	84.34%	85.66%
5	2022/1/6	18395.72	18367.92	17656.51	711.41	71.14%	77.74%
6	2022/1/7	18388.16	18169.76	17656.51	513.25	51.32%	61.23%
7	2022/1/10	18095.39	18239.38	17656.51	582.87	58.29%	54.81%
8	2022/1/11	18266.54	18288.21	17656.51	631.7	63.17%	60.73%
9	2022/1/12	18348.39	18375.4	17656.51	718.89	71.89%	67.53%
10	2022/1/13	18356.21	18436.93	17656.51	780.42	78.04%	74.97%
11	2022/1/14	18509	18403.33	17656.51	746.82	74.68%	76.36%
12	2022/1/17	18512.15	18525.44	17656.51	868.93	86.89%	80.79%
13	2022/1/18	18492.81	18378.64	17656.51	722.13	72.21%	79.55%
14	2022/1/19	18275.18	18227.46	17656.51	570.95	57.09%	64.65%

Step ❺ 舉例來說，2/21 的保護傘約 22%，因此 2/22 開盤可投入 22% 的資金；由於 2/22 收盤算出保護傘為負，2/23 開盤應出清持股，沒想到當天保護傘約 6%，2/24 開盤再重新投入 6% 資金，2/25 又空手，整個過程一直被巴來巴去。

改用保護傘兩日平均來判斷，2/22 開盤會先投入 23% 的資金，接著兩天減碼，直到 2/25 開盤才空手。

	A	B	E	F	G	H	I
26	2022/2/15	17978.44	17951.81	17997.1	-45.29	-4.53%	-2.24%
27	2022/2/16	18109.17	18231.47	17997.1	234.37	23.44%	9.45%
28	2022/2/17	18213.3	18268.57	17997.1	271.47	27.15%	25.29%
29	2022/2/18	18250.37	18232.35	17997.1	235.25	23.53%	25.34%
30	2022/2/21	18196.4	18221.49	17997.1	224.39	22.44%	22.98%
31	2022/2/22	18159.51	17969.29	17997.1	-27.81	-2.78%	9.83%
32	2022/2/23	17954.75	18055.73	17997.1	58.63	5.86%	1.54%
33	2022/2/24	17939.53	17594.55	17997.1	-402.55	-40.25%	-17.20%
34	2022/2/25	17617.36	17652.18	17997.1	-344.92	-34.49%	-37.37%
35	2022/3/1	17657.5	17898.25	18087.29	-189.04	-18.90%	-26.70%
36	2022/3/2	17864.11	17867.6	18087.29	-219.69	-21.97%	-20.44%
37	2022/3/3	17932.15	17934.4	18087.29	-152.89	-15.29%	-18.63%
38	2022/3/4	17845.01	17736.52	18087.29	-350.77	-35.08%	-25.18%

因為用收盤價計算，所以隔天才能動作，這概念大家都理解了，但為什麼是設定開盤時動作呢？

原因是，我的操作策略通常追求不盯盤，讓白天不能看盤的上班族，照樣能操作——下班後，打開系統確定是多頭訊號，才去挑選股票，隔天開盤直接買進；系統是空頭訊號，就檢視自己的持股狀態，隔天開始減碼，下班再確定保護傘訊號，決定隔天動作。

如此一來，不但上班不用分心盯盤，影響自己的工作品質，也因為系統化，可以更有效率地運用時間，不必因為在盤中追高殺低，結果工作沒做好，股票又賠錢，落得兩頭空。

階段 5：開傘上陣

以上步驟，原則上是提供新手一個規劃模板，於轉折成立（收盤）隔天才動作，排除了盤中動作、盤後分享的神操作，可以在平等的狀況下，更直觀地檢視績效。

老手可以依照個人的最大可承受風險、擅長指標，去調整參數、投資比重，找到最適合自己的保護傘模式。下一節我也統整了三個調整方向，讓大家更有頭緒。

別忘了，設定任何指標之後都要回溯績效，1 年、2 年……甚至 10 年都好，不管獲利大小，至少要正成長且穩健獲利，才能夠使用，你自己用起來也比較安心。

6-3 圖像化讓你更容易掌握市場多空氣氛

看完上一節的造傘活動五階段，若有逐步跟著操作，相信都能做出一套基本的 Excel 表格。

但，「賺錢的永遠是少數」，這是市場上不變的道理。當一套會賺錢的系統在市場上流傳、大家都應用同一套參數，主力就容易察覺，並且反其道而行，讓投資人賠錢。這也是為什麼有些聖杯一經公開，表現隨即走下坡。

所以，我們應該要把目標放在「創造專屬保護傘」，將學習到的方法與自身想法融合，長久下來才能免於被主力坑殺。

這一節會先稍微複習各階段的步驟，接著說明打造專屬保護的三個方向，最後教大家如何把數據圖像化，一看就知道目前走多還是走空。

造傘活動統整

階段 1
歷史資料查詢

- 至 Goodinfo! 臺灣股市資訊網查詢「台股加權指數」
- 設定時間區間、週期（月線），下載資料

階段 2
計算月轉折點

- 計算月轉折點＝（兩個月最高點＋兩個月最低點）÷2
- 當月算出的轉折點，在下個月使用

階段 3
簡單回溯績效

- 在查詢歷史資料的網站，下載日線資料
- 把月轉折貼至對應日期，計算每日「收盤－月轉折」
- 收盤－月轉折 > 0 為多訊，出現隔天開盤做多
- 收盤－月轉折 < 0 為空訊，出現隔天開盤做空

階段 4
保護傘設定

- 計算保護傘數值＝（收盤－月轉折）÷1,000
- 取保護傘兩日平均，達平滑效果
- 保護傘為訊號，訊號出現隔天開盤再動作

階段 5
開傘上陣

- 紅傘衝，綠傘退
- 加入新邏輯或是調整參數後，務必歷史回測、確認效果

階段 1 歷史資料查詢。

1. 至 Goodinfo! 臺灣股市資訊網查詢「台股加權指數」（網址：https://reurl.cc/LlVbA7）。

2. 設定時間區間，再選擇週期（月線），接著下載資料 Excel 檔。

階段 2 計算月轉折點。

1. 計算月轉折點，公式＝（兩個月最高點＋兩個月最低點）÷2。

2. 篩選、從舊到新排序資料。

3. 設定兩個月最高點和兩個月最低點欄位，算出轉折點。

4. 當月算出的轉折點數值，會成為下個月的多空轉折點。

基本上，我們要等兩個月結束，才能確定最高點和最低點，所以月轉折只能用在下個月來判斷多空，站上轉折表示偏多，跌破轉折表示偏空。

月轉折屬於比較波段操作的指標，短線洗盤容易被巴，正常情況下只適合當作調整持股比重的指標。

階段 3 簡單回溯績效。

1. 列出每個月的多空轉折點。

2. 在查詢歷史資料的網站，將日線資料下載下來。

3. 篩選並由舊至新排列歷史資料，可用不同顏色區隔不同月分。

4. 把月轉折貼到對應的月分資料中。

5. 計算每日「收盤－月轉折」的數值，標示出「由負翻正」、「由正翻負」的日期。

6. 收盤－月轉折＞0代表多訊，出現隔天開盤做多；收盤－月轉折＜0代表空訊，出現隔天開盤做空。

7. 整理表格，標示出操作動作、買進位置、賣出位置、損益，即可知道整年的績效。

　　「歷史回測」是很容易被忽略的步驟，但不管是什麼策略，都應該回頭套用到歷史K棒上，回推過去績效，這樣才能知道系統是否穩定？不穩定的原因是什麼？確認沒問題了再投入實戰。

階段 4 保護傘設定。

　　1. 計算保護傘數值，公式＝（收盤－月轉折）÷1,000。

　　2. 可以取兩日保護傘平均，做出平滑的效果。

　　3. 保護傘如同收盤時給出的訊號，隔天開盤執行。

　　假設某天保護傘算出來為20%，代表用100萬元投資的話，隔天最多投入20萬元，只能少，不能多。

　　有時月轉折落差較大，導致換月時，保護傘數值急速下滑或上升，所以才需要取保護傘平均值。另外，只因一天空訊就立刻翻空、或因一天多訊就立刻翻多，其實有點危險，取平均值也能達到保護效果。

階段 5 開傘上陣。

1. 按照訊號，紀律操作。

2. 紅傘衝、綠傘退。

3. 加入新邏輯或是調整過參數的保護傘，務必經過歷史回測，確認有效再使用。

一般在多空交戰時，保護傘顯示的持股比重都不會太高，我們要做的就是等待紅傘重新開啟，再慢慢增加持股。

基於「紅傘衝、綠傘退」的邏輯，操作會有所依據且系統化，讓我們該避開的能避開，該賺的不會錯過。

三個方向，打造專屬保護傘

剛開始學習，都需要花時間一步步建立系統，但學習之後就有能力創造屬於自己的一套系統，就算不同於最初的版本，一樣可以讓自己多空有依據，這樣學習的目的就達到了。

我總是鼓勵投資人主動研究，找出適合自己、也只有自己才會使用的指標設定，創造專屬保護傘，便能同中求異，避免公式被主力察覺。

大致上，保護傘可以調整的方向有三個，包括轉折週期、參數，以及技術指標。

▶ 改變轉折週期：

本書教學的月轉折，多空拿捏不到非常敏銳，尤其在面對偶爾上沖下洗的走勢時，操作通常不會太順利，但以長期而言，整體績效還算不錯。

如果是很積極、頻繁交易的投資者，就適合更短週期的轉折，例如週轉折，系統會比月轉折來得更靈敏，大小紅傘都能做。

▶ 改變參數：

1. 保護傘係數：

公式＝（收盤－月轉折）÷ 1,000，最後的 1,000 就是保護傘係數。當係數越小，表示槓桿越大；反過來看，當係數越大，表示槓桿越小也越安全。

我在書中預設保護傘係數為 1,000，適合一般投資者。原則上，如果是**保守投資者，應該調高係數**、比如 1,200；如果是**積極投資者，應該調降係數**、比如 500，大家都可以依照自己的情況和經驗調整。

2. 保護傘平均日數：

書中先取兩日平均，但其實也可以取三日、四日……依照自身策略而定。**日數越多意味著反應時間越緩慢，但也更平均、穩健。**

換句話說，投資較短線、交易次數頻繁的人，平均日數可以減少；投資較長線、操作趨於保守的人，就把平均日數提高。這跟短線操作看週轉折、長線操作看月轉折，是一樣的邏輯。

▶ 融入其他技術指標：

技術指標繁多，包括 MACD、KD 指標、均線等等，其中均線是許多新手的入門指標，由一段固定時間的平均價格所組成。

舉例來說，把週一～五的收盤價相加後除以 5，會得到一個平均值；把週二～五和下週一的收盤價相加後除以 5，又會得到一個平均值……好幾個 5 日平均相連，就會形成 5 日均線，又稱為週線。

均線角度經常拿來觀察多空趨勢，如果均線上揚，表示價格整體在爬升；如果均線下彎，表示價格整體在下降。以 240 日線（年線）為例，一樣是保護傘翻多，當年線上揚，可判定開大紅傘的機率比較高；當年線下降，則可判定開小紅傘的機率比較高。

加進不同指標，就像用不同策略讓系統更加可靠穩健，但前提還是要了解這些指標的邏輯，不要人家說加就跟著加。

保護傘圖像化，一眼看出做多還做空

前面都是利用 Excel 表格整理、計算數據，但一整片數字海，其實沒那麼直觀。有沒有辦法圖像化，像是圖表 6-6 這樣，一看就知道收盤價在月轉折之上可做多（開紅傘）、之下該空手（開綠傘）呢？

很簡單，一樣用 Excel 就可以處理了！跳過搜尋資料，我們把進度快轉到算出月轉折，後續步驟如下：

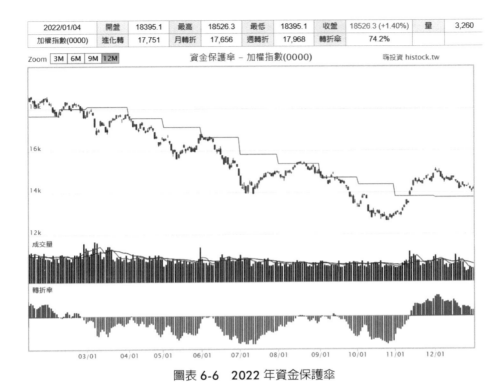

| 2022/01/04 | 開盤 | 18395.1 | 最高 | 18526.3 | 最低 | 18395.1 | 收盤 | 18526.3 (+1.40%) | 量 | 3,260 |
| 加權指數(0000) | 進化轉 | 17,751 | 月轉折 | 17,656 | 週轉折 | 17,968 | 轉折傘 | 74.2% | | |

Zoom 3M 6M 9M 12M　　　資金保護傘 – 加權指數(0000)　　　嗨投資 histock.tw

圖表 6-6　2022 年資金保護傘

Step ❶ 選取日期及月轉折欄位後，在「插入」功能列的「圖表」中，
依序點選「散佈圖＞帶有直線的散佈圖」。

① 選取日期和月轉折欄位

	交易日期	開盤	收盤	月轉折
2	2022/1/3	18260.23	18270.51	17656.51
3	2022/1/4	18395.14	18526.35	17656.51
4	2022/1/5	18598.13	18499.96	17656.51
5	2022/1/6	18395.72	18367.92	17656.51
6	2022/1/7	18388.16	18169.76	17656.51
7	2022/1/10	18095.39	18239.38	17656.51
8	2022/1/11	18266.54	18288.21	17656.51
9	2022/1/12	18348.39	18375.4	17656.51
10	2022/1/13	18356.21	18436.93	17656.51
11	2022/1/14	18509	18403.33	17656.51
12	2022/1/17	18512.15	18525.44	17656.51
13	2022/1/18	18492.81	18378.64	17656.51
14	2022/1/19	18275.18	18227.46	17656.51

② 依序點選「散佈圖＞帶有直線的散佈圖」

Step ❷ 取得月轉折的散佈圖。

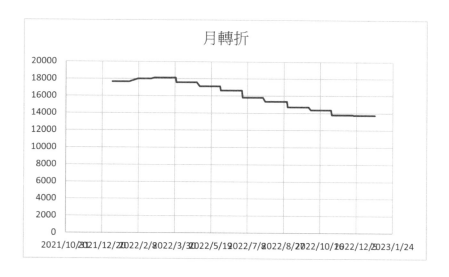

Step ❸ 選取日期及收盤價，重複 Step 1 ~ 2，取得收盤價散佈圖。

Step ❹ 複製收盤價散佈圖，接著點擊月轉折散佈圖，貼上，兩張散佈圖便會合併成一張。

Step ❺ 點選圖表並拉大至適當大小，接著選取要調整的座標軸（水平軸或是垂直軸）再按滑鼠右鍵，點選「座標軸格式」，調整「座標軸選項」中的最大值與最小值，就能縮小資料顯示範圍，放大圖示。

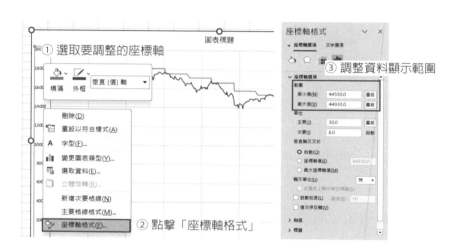

Step ❻ 點擊圖表右上「＋」可增刪圖表項目，下圖示範新增「圖例」。點選圖上圖例後按滑鼠右鍵，即可在「外框」改變線條顏色。

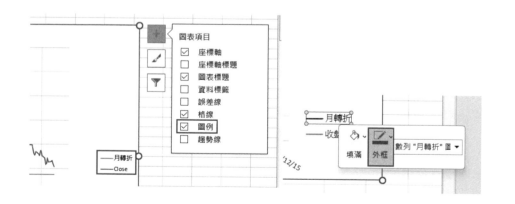

Step ❼ 整理完的圖表大致如下。

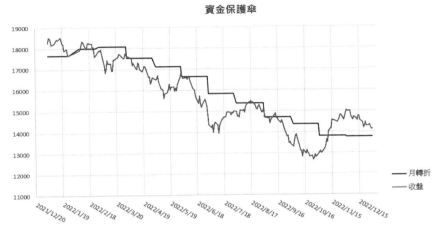

資金保護傘

註：圖中的座標軸格式，垂直軸在座標軸選項中設定「範圍」，最小值10000，最大值19000；
設定「單位」，主要1000，次要200。
水平軸在座標軸選項中設定「範圍」，最小值44550，最大值44930；設定「單位」，主要
30，次要6。
另外，想要日期斜斜的，要在座標軸選項中的「大小與屬性」，調整文字方向，圖中是
自訂角度30°。

　　利用圖片，便能直接看出，紫色收盤線穿越黑色轉折線可做多，
跌破黑色轉折線就空手。只要每天把新的數值貼進 Excel 裡，即可天天
更新圖面，儘管土法煉鋼，但每日記錄的話並不會太花時間，而且更
有系統化的感覺。

無論是什麼投資，人性往往在「貪婪」之時忘記曾經的教訓。

「保護傘」說穿了也沒什麼，

卻能提醒人們在不該貪婪時收手，該貪婪時加碼。

我們在追求獲利的同時，

一定要保護住資金，

就算是再簡單的邏輯，

若沒有把它化成一道具體的訊號，

每天不斷提醒自己，

有一天我們仍會再次被貪婪所吞沒。

第 **7** 章

從零開始，
投資路上的
25 個 Q&A

前面幾章，我盡量用最淺白的方式，介紹幾種不同的策略，希望新手也能看懂。在最後一章，我整理出了 25 個與投資股票相關的常見問題，先從什麼都不懂、可能連證券帳戶都還沒開好的超級小白視角出發，而後依序是「剛開始投資→投資一段時間→成為老手」等階段都可能遇到的問題。

這些問題涉及觀念、策略、心態，就算是老手，觀念、策略都非常熟練了，卻仍有可能因為心態面調整不佳而受挫。千萬不要認為，只有新手需要閱讀這些 Q&A，即使已經成為老手，也應該適時回過頭來，檢視自己是否做好最基本的部分。

 什麼是技術分析？什麼是基本面分析？
可不可以只學一種？

所謂技術分析，是指研究、分析過去的價格走勢，來預測未來價格的走勢，以此決定投資策略；最常見的技術指標包括 K 線型態、均線、KD 指標（又稱隨機指標，表示市場在一段時間內，價格高低間波動的範圍）等等。

至於基本面分析，是利用財務分析和經濟學上的研究，來評估企業價值或預測證券的價格走勢；研究項目涵蓋了政策利率、GDP（國內生產毛額）、公司營收、EPS（每股盈餘，每股獲利 ÷ 公司總股數，用以衡量公司的獲利情況）、本益比（每股市價 ÷ 每股盈餘，通常作為股票是便宜抑或昂貴的指標）等等。

先說結論——可以只學其中一種，但我不論是個人投資或者教學，皆以「技術分析」為主。

例如本書第 2 章、第 3 章提到的三角收斂，就屬於技術分析，藉由 K 線型態來判斷趨勢。出現三角收斂型態，意味著主力（資金量大、能夠影響股價走勢的市場參與者，為影響股價的主要力量）在控盤，一旦接下來股價跌不下去，往往只要突破三角收斂的上軌道，就有機會大漲一段。透過技術分析，在噴出前就可以開始評估、布局，噴出後再找賣點；但不了解的人，可能在買進不斷創新高的強勢股後，才驚覺自己買在高點。

比如圖表 7-1 的所羅門（2359），噴出前幾乎沒有題材或基本面的消息，也沒什麼投資人要買。但懂得技術分析再看，就能看出它從三

圖表 7-1　利用技術分析，布局所羅門（2359）

角收斂區間拉出第一根長紅後開始上漲，漲了很多根才有消息面、新聞面出來，吸引散戶進場。

換句話說，技術分析會比基本面、題材面、新聞面或消息面等還早發現上漲的跡象，只要能盡量看出股票醞釀的樣貌，就有機會發現潛在飆股。然而，也不是說利用技術分析去找進場點，就一定會獲利，還是有可能虧損。重點在於，若股價沒有往上，就要及時停損，讓自己有機會避開一段時間的整理，等下一次突破再進場，這樣就可以用同樣的方式抓到起漲的股票。

雖說我的教學以技術分析為主，但**基本面分析就像雙重保障，可用來過濾選股，選出其中體質比較好、有賺錢的標的，買起來也會比較安心。**

先學習技術分析，
再用基本面分析過濾股票，
也是不錯的方式。

Q2 **股票漲跌的原因是什麼？**
怎麼知道要漲了，還是要跌了？

股價之所以會有波動，並非單一原因造成，除了公司表現、新聞話題、市場看法、環境背景等因素，主力控盤也影響甚大。

既然原因有這麼多，還不是散戶可以控制的，其實就不必執著於找到漲跌的原因；實際上，我們應該把重點放在「尋找跡象」，例如本書介紹的飛龍突破、三角收斂、穿山惡龍、黑飛舞等型態，會上漲、會突破，就意味著會有人想操作這檔股票，或是未來可能走出一波漲勢。

　　當我們利用技術分析，把跡象歸納成比較容易理解的公式邏輯，就可以利用固定的方法，在比較合理的位置進場，至於未來是漲是跌？我們並不知道，只要透過資金控管、分散操作以及停損停利，做到汰弱留強，持股跌了就換掉，漲了就續抱，那麼漲跌的原因也就不是那麼重要了。

　　像這樣有系統地換牌，一旦遇到上漲，就有機會把握住後面的上漲波段；即使後來下跌，也因為停損及時且明確，得以避開後面的整理和修正。

我們無法知道未來是漲是跌，
只能察覺跡象，
並藉由換手牌和資金控管
來降低風險。

Q3 投資股票有風險嗎？
要怎麼控制風險？

　　根據市場變化和個人選擇，投資股票或多或少都有風險，畢竟環境、公司狀況、國家政策都不是散戶所能掌控的，因此我們應該思考：

怎麼降低風險？

　　大致上有三種方法：**分散持股部位、資金控管、買在安全的位置。**

　　常聽到的「別把雞蛋放在同個籃子裡」，就是分散持股部位。在新手階段、還不太會選股的時候，我會建議多持有幾檔股票（但也不要太多，以免顧不來），這樣即使一檔虧損，也還有其他檔的獲利。

　　接下來的資金控管，亦即控制投入金額，不是看心情 all in，而是有計畫地增減持股（例如，可以使用本書中第 5 章的持股健康度分數系統增減持股），有賺才能再投入資金抽新卡，直到累積滿手神之卡。

　　最後一個——買在安全的位置，我認為特別重要。當股票從起漲點上漲 30% 以上，就進入高風險區，我把它稱為腳麻區，可能急速下跌，如果短線追高買進，容易買在最高點，要等很久才會解套。

　　舉例來說，鑫科（3663）、欣巴巴（9906）、雲豹能源（6869）（見圖表 7-2 ～ 7-4），前面都已經上漲一大段，進入高危險區，要小心停利。很多散戶會追高買進，反觀本書教的 SOP，則是在股價處在低檔整理階段即將噴出，出現大漲跡象時進場，後續一旦往上噴就開始收割，即使真的下跌，停損金額也比買在高點的人少，以此降低風險。

　　許多投資人會有鴕鳥心態，認為不賣就不算賠，卻忽略了「時間成本」。

　　比如你花了 100 萬買進一檔股票，好幾年下來都是虧損的，你也不停損，錢就一直套在那裡，甚至可能越套越重。若你的投資部位沒有新的活水得以有效操作，就會很難逆轉帳面上的虧損，因為永遠沒辦法錢滾錢、達到複利的效果。

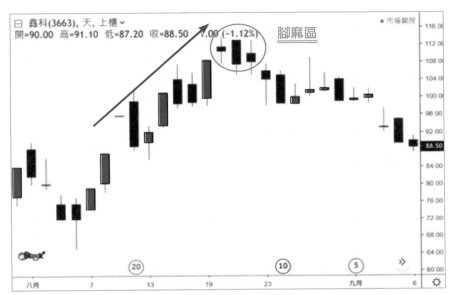

圖表 7-2　鑫科（3663）前面已漲一大段，進入腳麻區

圖表 7-3　欣巴巴（9906）前面已漲一大段，進入腳麻區

圖表 7-4　雲豹能源（6869）前面已漲一大段，進入腳麻區

　　要是做到及時停損呢？假設賠了 2 萬，100 萬剩 98 萬，但依 SOP 找到下一支準備起漲的股票，可能一下就賺了 30% 或者 50%。

　　同樣在交易股票，在同一段時間裡，拗單的人還在賠錢，將資金有效利用的人卻有機會由虧轉盈，但許多散戶沒有想通這點，低估了自己的時間成本，實在很可惜。所以我才常常強調要汰弱留強，不能把資金困在不會幫你賺錢的股票上。

投資一定有風險，
務必買在安全的位置，
並且汰弱留強。

Q4　哪種操作策略比較適合初學者？新手也可以當沖嗎？

依照我的教學經驗，建議初學者從第5章的隔日沖（黑飛舞）入門，先去習慣股票的漲跌，以及換牌的節奏，今天買、明天就賣，明天再買、後天又賣，用這樣的方式訓練自己確實停損停利，也因為持有時間短，比較不會因為後續漲跌影響心情。

可以達成前述目標，對手上持有的股票已經做到沒有感情，永遠當作賺錢的工具，再開始考慮做波段，如第2章～第4章介紹的三角收斂、飛龍突破、穿山惡龍等等，比較有機會抱到波段的果實，因為徹底執行SOP就不會有拗單的問題。

那當沖呢？今天買、今天就賣，持有時間不是更短嗎？

我並不建議初學者做當沖，一來當沖要另外申請，申請前需開戶滿3個月，且最近一年內，成交筆數10筆以上；二來當沖算是無本交易，這看似優點，卻無益於心態養成。

很多小資族或是剛出社會的新鮮人，聽到市面上很多老師說：「當沖是無本交易，每天賺個一兩千，一個月就可以幫自己加薪兩三萬！」就感覺當沖很好賺，紛紛投錢進去。

當你有「錢很好賺」的既定印象，賠錢時會發生什麼事？很多人會感到不甘心，想著要趕快賺回來，甚至會有人增加持股，希望可以翻倍賺，在如此焦急的狀態下操作，反倒更容易出錯，出錯之後又更慌，一步錯、步步錯。

無論老手或是新手，能夠靠著當沖穩健獲利的都是少數，就算偶爾大賺，剩餘大部分時間卻都在賠錢。

　　對比當沖，做波段的優點更多，包括壓力較小、競爭者少、心情穩定，以及時間自由。

　　現在已經有零股交易了，即使在做波段交易時選到比較貴的股票，小資族也能用零股慢慢買、分散買，由於股數少又分散，跌下來時看到虧損金額也不會產生太大壓力。而且無論賺賠，當沖一定要當天賣掉，做波段則可以續抱到符合出場條件為止，因此買進當下就算小賠，只要選股正確，還是有機會拉上去。

　　另外，當沖沒有本金門檻，做當沖的投資人自然更多；相對地，波段操作需要本金，沒有本金的人一開始就淘汰掉了，只剩下一小群人。這和升學考試類似，若名額固定，對手當然是越少越好，競爭贏過別人的機率更高。況且投資人數一多，主力不可能讓這麼多人賺到錢，一定會上沖下洗，你再有紀律操作、再有方法邏輯或是經驗，都不一定能穩健獲利。

　　無法穩健獲利，往往會影響心情。我在剛開始投資的前幾年經常當沖，有時大賺、有時大賠，但無論賺賠，就是當天全出，績效、情緒很不穩定，身邊的人都能接收到我的負能量。但我發現，做波段就不太會有這種心情起伏，只要選對股，未達出場條件前都有機會拉上去；只要嚴守 SOP，就算虧損，也不至於大賠。

　　最重要的是，**沒辦法時間自由，就很難達到真正的財富自由**──即使真的可以靠當沖賺很多錢，但哪天如果出國度假，還要一直盯盤

嗎？換作是做波段，出國前買進，再設定打到停損點就觸價賣出，就算不盯盤、過兩三天再觀察，通常也不會差太多。

簡而言之，累積本金來做波段，複利效果會比每天沖來沖去還顯著，更有機會達到時間自由、財富自由，讓人生比較輕鬆。

新手建議從隔日沖開始練習，能夠確實執行 SOP 後，再試著做波段。

Q5 怎麼判斷自己適合做長線還是做短線？

要做長線還是短線，真的是看個性和空閒時間而定，做短線有做短線的方法，做長線有做長線的方法，兩個都對。比較忙碌、只有假日可以選股和做功課的人，如果又有耐心抱單，就很適合做長線；換作喜歡頻繁換股，而且每天都可以看股票、沒看盤會渾身不對勁的人，則適合做短線。

依自身個性判斷長短線後，接著要思考如何達到獲利條件。比如要做長線，那要用什麼策略？三角收斂嗎？還是穿山惡龍？又或是其他策略？選定策略的過程中，我們可以藉由一段時間的歷史回測，看看過去績效如何，多、空頭的表現又是如何，經過一連串系統化分析

後再開始做，比較有機會成功。

SOP 確認之後，最好確實執行，不要變來變去。我遇過學生本來做波段，發現大家最近做短線好像賺比較多，就跑去當沖，可是他既無法盯盤、又會拗單，看似選擇了一個會賺錢的工具，結果卻無法駕馭，反倒賠錢。也有學生顛倒過來，本來做短線，結果有陣子大盤一直漲，做波段的人好像賺很多錢，他就想說自己每天沖來沖去賺不了多少，索性改存股，結果剛好買在高點，即使賺到股息，卻沒有賺到價差。

所以說，選擇比努力更重要，務必評估並選定最適合自己的工具。

依照自身個性、空閒時間，
選擇適合自己的工具。
選擇比努力更重要。

 Q6 **不同股票券商有何差異？**
要怎麼選擇自己的開戶券商？

券商的差異，主要在於看盤軟體以及手續費。

喜歡用電腦看盤的，推薦使用「XQ 全球贏家」，可與多家證券帳戶連動，只要透過券商雙因子認證或 API 申請，就能直接下單到券商，不一定要使用各券商自家的看盤軟體。

另外，看盤軟體好不好用，也相當重要。就我的經驗而言，除了

XQ 全球贏家，還會使用元大系統——yeswin 越是贏，個人認為它的 K 棒界面很清楚，用滑鼠滾輪就能控制 K 棒大小，也有快捷鍵可以切換不同週期的 K 線，很快就看到支撐壓力在哪邊，我用起來也習慣，就沒有再多去研究其他券商的軟體。

至於喜歡用手機看盤的，我認為大部分券商的系統不會差太多，不太需要比較。

最後一個差異是手續費，也就是每次買進、賣出都要交給券商的錢，表定算法為「股價 × 股數 ×0.1425%」，但各家券商為了吸引用戶，往往會額外祭出折扣。元大、凱基的手續費偏高，新光、富邦的手續費就比較低，不過這並非永遠固定，最新資訊還是要以券商公告為主。

很多人會糾結在手續費上，想說多少省一點。如果做的是當沖，交易頻率高，這的確很重要；但如果做的是波段，買賣次數沒這麼多，手續費高低反而沒這麼重要，只要合理、可以接受就好，重點還是下單系統好不好用。

如果沒有任何想法，不知道哪間券商的服務適合自己，不妨先任意開一個體驗看看，或是直接開兩、三個來比較，再集中使用自己比較習慣的那個。

看盤軟體是重點，
手續費不必太糾結。
真的沒想法，
多開幾間戶頭來比較也無妨。

Q7　一開始進場，建議花多少資金來投資股票？

對於投資新手，我建議最多拿資產的 5 成來投資。

市場上很多人會靠情緒 all in，甚至借錢投資，我認為這很危險，即使前面有賺，一旦遇到空頭或是拗單，可能就直接吐回去。

最理想的是先拿出一半資產來交易，等到穩健獲利後，再慢慢把賺到的錢滾進資金裡，比方說用 50% 資產投資，一個月可以賺 10%，就可以把賺到的 10% 再投入。

為什麼不提倡 all in 呢？因為我認為，我們手邊一定要保有一定的資金部位，否則哪天急需用錢，總不可能要對方等你交割（股票買賣成交後，一手交錢、一手交貨的過程）完再付錢吧。

我們做投資，是為了讓自己有多一份薪水，而不是為了把家人、朋友的信任感都賠進去，因此量力而為很重要，等到能穩定獲利再增加資金也不遲。

一開始進場，
最多拿一半資產來投資，
有賺錢才能把獲利再投入。

Q8 新手持股應該維持幾檔會比較好？
還不熟的話，資金可以全投入嗎？

　　我個人覺得新手大概持有 5 檔左右較理想，既可以分散風險，又不會多到顧不來。

　　假設資金共有 50 萬，最多持有 5 檔，即可分配一檔買 10 萬，資金有 100 萬的就是一檔買 20 萬，以此類推。或者可以同一檔分批買進，比如今天買 5 萬，往上符合某些條件再買 2 萬，都是可以彈性調整的。

新手建議持股 5 檔左右，
既能分散風險，
又不至於顧不來。

Q9 要怎麼調整投資組合，
把資金分散到不同股票上？

　　參見第 5 章的系統換牌術，用這個方式調整持股。調整很重要，大部分投資人喜歡汰強留弱，賠錢的都不賣、想說可以拗回來；賺錢的又賺一點就跑、生怕多等一下就由盈轉虧，永遠在小賺大賠。

　　真正能獲利的方程式，一定是大賺小賠，型態不對務必先停損，把錢抽出來，換到上漲潛力股，才有機會換到神之卡，用小賠的資金

換取大賺的可能。

　　想加碼、多投入資金的時候，也要嚴守持股健康度分數的規則，當分數往上提高為正數，才可以慢慢放大資金，否則在不該加碼時加碼，只會讓風險提高。

熟練系統換牌術，
汰弱留強、加碼有據。

Q10　能不能盯盤的差異在哪裡？

　　有些人做波段，在盯盤時，看到開盤急跌會很緊張，唯恐跌太深被套牢，或是獲利被吃掉，因此很快就跑了。但後續真的會一直跌嗎？不一定，可能只是回測一下又繼續往上漲。

　　由此可知，盯盤可以讓反應更即時，卻也可能讓人反應過度，導致跌了也賣、漲了也賣，沒想到漲的過幾天漲更高，跌的過幾天就回來了。

　　如果要做波段，最好依照設定的出場機制，快收盤再動作，跌破觀察位置就換股，上漲就續抱，這樣才有機會抱到波段。況且在分散操作的狀況下，就算一支跌停，其他幾支可能還在上漲，整體部位仍舊往上提升，其中一支不會影響整個投資配置。

真正厲害的波段操作者，能夠做到幾乎不盯盤，只看開盤後半小時和收盤前半小時，甚至只看 5 ～ 10 分鐘，免去盯盤時，K 棒上下震盪所引發的情緒。

當然，如果持有時間比較短，例如當沖、隔日沖，還是需要盯盤。

當沖就不用說了，由於當天就要沖銷完畢，因此最好盯盤，掌握有利的進出場位置。隔日沖則需要盯一下，以賣在比較好的價位，盡量避免賠錢，一旦價格開始往下跌就先跑，往上漲的話可以過半個小時或一個小時再來決定要不要賣，若是漲停就不賣，沒漲停就收割。

做波段追求不盯盤，
做隔日沖則可藉由盯盤，
賣在比較好的位置。

**什麼是「融資融券」？
大家都適合這麼做嗎？**

融資融券是兩個概念，一個融資，一個融券。融資是指向券商借錢買股票，通常是在本金不夠時使用，藉以買進比手上本金更多的股票，當股票上漲，就能賺更多；融券則是跟券商借股票來賣，通常是在預測股價即將下跌時進行，借入股票後，等股價下跌再以低價買回股票、還給券商，藉此放大獲利。

詳細的額度細節與手續費等內容，請見各券商公告，此處恕不贅述。

簡而言之，融資就是開槓桿投資，當買進的股票上漲時，能讓你賺更多，卻也如同雙面刃，萬一操作虧損，會讓你賠得更多。融券的交易時機是在投資人預測股價即將下跌的時候，但假設股價後續沒有立刻下跌而是開始上漲，就會造成虧損。整體而言，融資融券操作失敗時，會比單純買賣股票的虧損程度更高，算是比較有風險的交易方式。

許多小資族之所以想融資，就是因為不用準備這麼多本金，便能做到雙倍部位，但要是遇到崩盤，沒有現金的人就會被強制斷頭。像這樣高風險高報酬的工具，用來做隔日沖還 OK，比較不建議用來做波段。

此外，融券有很多限制，例如開股東會前、除權息前會強制回補，或是碰上融券軋空的狀況（做空的人急於買股回補，反而大幅拉抬價格），所以很少聽過人家放空波段大賺，我也不太會推薦大家去融券放空某檔股票。

融資、融券就是開槓桿。
融資看多，較適合隔日沖；
融券看空，限制多，不推薦。

Q12 新手階段經常小賺小賠，
要怎麼突破這個困境？

要想突破小賺小賠的困境，首先是藉由**分散持股，試著感受上漲的幅度**，即使大漲 30%、40% 的股票只買一張，一樣能感受到飆股波段的過程。接著要去汰弱留強，把該停損的股票淘汰掉，再去尋找下一檔飆股。

隨著經驗累積，對於選股更有把握、買進的標的八成都會上漲之後，就可以慢慢放大部位。放大部位可以是增加資金，比如本來只投入 50 萬，之後把獲利再投進去變成 70 萬、80 萬；也可以是集中資金，例如把本金分散到 5 檔股票上，改成集中到兩三檔更有機會上漲的股票上，強化上漲的獲利效果。

藉由上述方式，我們就能逐漸避免小賺就跑，進步成大賺一個波段，而大賺小賠正是獲利的方程式。

先藉由分散持股，
一檔一檔去感受飆股漲幅，
賺的就抱住，賠的就淘汰。

Q13 怎麼知道自己差不多脫離新手期了？
有個基準嗎？

　　當我們的持股大概八成都賺錢，賠錢、不小心套住的很少，且一兩個月都能達成這個目標，就可以判斷脫離新手期了——這顯示出我們可以有紀律地停損停利，該抱的也抱得住。

　　曾經有學生給我看持股，幾乎整片綠油油，問我該怎麼辦？我就告訴他，先慢慢淘汰賠錢的股票，讓賠的比例降到五成，再慢慢降到剩兩三成，把部位留在賺錢的股票，讓帳面看起來有一半是紅色，最終目標是八成紅色，無論張數多寡都維持這個水準。

　　脫離新手期後，才可以慢慢放大部位，更系統化地集中操作一兩檔股票，進入稍微高手的階段。

手上持股大概八成都賺錢，
能夠有紀律地停損停利，
就表示脫離新手期。

Q14 什麼時候該加碼？
怎麼加碼？

　　加碼邏輯很簡單，只要第一筆單進場之後開始有賺錢，就可以分

批加碼。這裡的加碼概念與攤平不同，請見 Q15。

分批加碼可採「金字塔式」加碼。以波段格局來看，假設基本單買 2 張，加碼單可以買 1 張，甚至買個 500 股，總之要**像金字塔一樣，底部買最多，隨著價格墊高越買越少**，這樣就不會因為突然下跌，讓前面的辛苦白費。

買進之後開始賺了，就可以「金字塔式」加碼。

Q15 攤平策略好嗎？什麼時候可以用？

攤平策略是指手上某檔股票價格下跌時，加碼買入更多股數，從而降低平均買入價格。

我一般不會建議大家往下攤平，一來要花費更多資金，二來風險很高，一旦股票走空頭，攤平是看不到底線的。

很多人會執著於回本這件事，非得要等到價格回到自己的買進均價才肯賣掉。但**對我來說，只要小賠出場就算解套，不一定要回本才行**；當然有時會完全解套，但我不會抱著這樣的期望。

例如原本買在 200 元，攤平買在 140 元，均價 170 元，有些人會

等價格來到 170 元之上才賣，我則可能在 165 元就小賠賣掉，因為我知道，這檔股票的格局就是偏弱，才會讓我套得這麼深，之後再跌的機率很高，此時還能小賠脫手也算不錯。

而且我們不能忽視時間成本。假如攤平後，股價始終處於低檔盤整，最後耗了半年才回到均價讓人解套，是不是很折磨人？要是我們在小賠 1 萬元時把資金抽出來，轉投其他股票，可能不用半年就獲利超過 1 萬元，這樣的選擇顯然更有效率。

考慮到時間成本，
攤平策略在波段交易中，
並非好的選擇。

Q16 說不定過幾天，手上虧損不少的股票就會漲了，可以拗著不賣、讓奇蹟自來嗎？

這個邏輯不完全錯，只是要回頭檢視自己的選股方式。

如果是看三角收斂進場，但還處於整理階段，這時買進小虧倒也無妨，就捏著等它表態；但如果是買在高檔，比如上漲 30% 的腳麻區，虧損就要趕快停損，因為後續可能急跌，解套的機會很低，這種時候就不要拗單了，即使真的發生奇蹟，也不知道要等多久，倒不如把等待的時間拿來換股票，有效運用寶貴的時間成本。

虧損依位置有不同解讀，
進在整理階段還 OK，
腳麻區才買就快跑。

 **常常賣掉沒多久股價就噴出，
錯失中間大段漲勢，怎麼辦**？

　　賣掉之後股價又噴出，表示原本股票看對了，這種情況我會選擇
買回來。比如 45 元買進，50 元賣出，隔天跳漲噴出，回測至 52 元，
你買不買？有些人會猶豫，不想買得比賣出價還高，感覺很不划算。

　　但我不認為買回來要這麼「精打細算」，只要它能回到上漲趨勢，
我依然賺得到，假如後續漲到 60 元，我還有 8 元價差可賺，這樣還會
覺得多買的那 2 元不划算嗎？**只要賣掉時符合出場邏輯，重新買進時
也有符合新的入場邏輯，就沒什麼問題。**

　　如果價格一直狂噴，可以趁著漲勢暫歇重新買進，例如出黑飛舞
或者黑 K 的位置，就可以買在一波漲勢中相對安全的地方。

　　如果價格不斷震盪，更容易讓人不敢買回來。例如圖表 7-5 的三角
收斂，要是買在 A 點，買沒多久就被套住，不想小賠解套的話，即使
B 點快過前高也不會賣，只能看著價格再次往下。

　　一樣的劇本，到了 C 點又經歷了一次，此時心境或多或少會產生

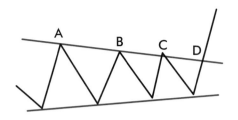

圖表 7-5　三角收斂的整理過程，易讓人不敢在噴出後買回

變化——下一次再接近高點就賣吧，事不過三，後續也許賣不到這個價格了。

當價格來到 D 點，難免會想賣掉，甚至想盡快出場。沒想到賣掉之後，價格一路往上噴，但想到前面好長一段時間的煎熬，許多人是不敢買回來的。

那要怎麼避免這個狀況？中間只要符合 SOP 的出場條件就先出場，例如腳麻區破昨日低點就先賣掉，過了一段時間後，當同一支股票再次符合進場型態，你或許也淡忘前一次交易了，可以波瀾不驚地重新進場，把握未來的上漲。

這其實就像在談戀愛，你過去被傷害過（虧損），即使又遇到條件不錯的對象（股票再度符合進場條件），你可能也不敢再投入感情。解決的方法，其實就是當機立斷，讓時間治療你受的傷。

當我們淡忘了不好的回憶，即使遇到的新對象和前任有點像，但終究是不同的人、不同的情況。給自己機會重新接觸、重新認識，就不會被前任的傷害束縛，得以展開新的戀情，期待美好的未來。

不用因為一次情傷，
就再也不談戀愛；
不用因為單子被洗掉，
就再也不敢買回來。

Q18 應該積極參與配息嗎？
如果某檔股票接近除權息，要先賣掉嗎？

除權息指的是公司利用股票股利或是現金股利，將前一年的獲利回饋給股東，算法如下：

▶ 股票股利＝配股金額 × 持有股數 × 0.1（臺灣 1 股面額為 10 元）
▶ 現金股利＝配股金額 × 持有股數

假設我擁有某公司的 1 張股票，而該公司今年要發放股票股利 2 元、現金股利 1 元，我會拿到：

▶ 股票股利＝ 2 元 × 1,000 股 × 0.1 元＝ 200 股
▶ 現金股利＝ 1 元 × 1,000 股＝ 1,000 元

對於存股族來說，配息多寡是很重要的參考依據。但也不是光看配息多寡就好，因為除權息後，為了達成總市值平衡，股價通常會跳空下跌。當股價回到除權息前的水準，亦即「填權息」，到了這時候，投資人才算真正賺到配股配息的價值。

概念類似這樣：你買下一棵長滿 100 顆水果的大樹，先採收其中

30 顆，但擁有的總顆數不變，還是 100 顆。假如日後妥善照料，樹上又長回 100 顆水果，那先採收的 30 顆才是你多賺的；假如剛好遇到颱風，樹上水果只剩 50 顆，即使已先採收 30 顆，整體也沒有 100 顆的價值。

所以存股族除了看殖利率（配得股利與投資金額的比率），也會觀察填權息天數（股價回到除權息水準所花的天數）。

那如果不存股，用技術分析做波段，參與除權息有何影響？既然除權息會造成股價下跌，是不是要在除權息之前就賣掉？這些問題，**要回歸個股的型態，依照格局和位置，決定是否參與除權息。**

舉例來說，圖表 7-6 的青雲（5386）於 2024/8/22 除權息，當天也出了一根長黑，很多人因此被洗掉。但回頭觀察，當下處於三角突破的多方格局，即使出長黑也不容易被破壞掉，而這次除權息完，價格的確還在趨勢線之上，而後隔天漲停、一根就扭轉回來，後續繼續噴。

反之，如果型態偏弱，多方結構在除權息後可能會被破壞，就不能參與除權息，如圖表 7-7 的大山（1615），2024/8/26 除權息，但其 K 線比較醜（即 K 線型態不符合可能起漲的類型），除權息當天出跳空長黑後很難回到多方格局，就不建議參與除權息。

觀察個股型態，
除權息後不影響多方格局，
就可以買在除權息前。

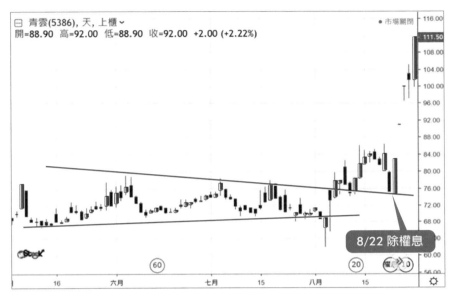

圖表 7-6 青雲（5386）的上漲型態，不太會被除權息破壞

圖表 7-7 大山（1615）在除權息後，很難回到多方格局

Q19 真的有辦法做到抄底摸頭嗎？

抄底摸頭，顧名思義，就是進出在最低價和最高價。

2024/7/11，台股加權指數到達最高點，觀察其走勢，可以畫出兩道上升的軌道線，如果軌道線持續靠攏、收斂，可能已經接近高點，就可以逢高收割大部分股票，從而避開後面一波修正；如果下軌道線被跌破，很有可能就此轉跌（見圖表 7-8）。

雖然摸頭成功，不過許多營建股反倒於 7/11 附近開始往上噴，我們就錯過了這個類股中符合三角突破的飆股（見圖表 7-9）。

而後，台股宛如坐上大怒神，加權指數大跌超過 4,000 點；但到了 8 月初，我利用加權指數的歷史數據，推測即將落底，便趁機買進還不錯的股票，事實證明抄底成功，隔天就噴出去了（見圖表 7-10）。

所以說，抄底摸頭的確有辦法做到，不過操作應該一味追求抄底摸頭嗎？我認為很難，也沒有必要。因為這種狀況並不常見、無法統整為慣性，而且需要加入一些主觀的交易邏輯，以系統化來說，絕非可複製的做法，很難做到穩定。

建議讀者採取本書的策略，不是買在最低點，而是在確認到型態上有起漲可能性時進場，在達到一定獲利以後，就可以考慮將一部分的持股出清，不追求賣在最高點。

圖表 7-8　2024/7/11 台股加權指數到達最高點

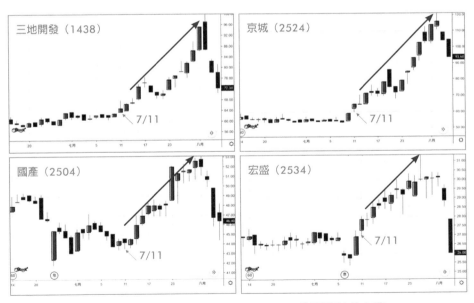

圖表 7-9　許多營建類股於 2024/7/11 附近開始往上噴

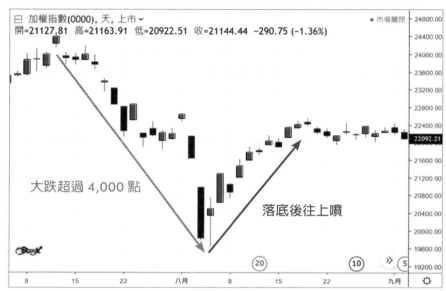

日 加權指數(0000), 天, 上市 ˅   ● 市場關閉
開=21127.81 高=21163.91 低=20922.51 收=21144.44 −290.75 (−1.36%)

大跌超過 4,000 點

落底後往上噴

圖表 7-10　2024 年 8 月初，可利用歷史數據推測即將落底

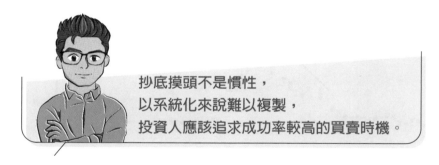

抄底摸頭不是慣性，
以系統化來說難以複製，
投資人應該追求成功率較高的買賣時機。

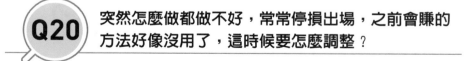

Q20 **突然怎麼做都做不好，常常停損出場，之前會賺的方法好像沒用了，這時候要怎麼調整？**

　　突然怎麼做都做不好時，我們可以先自我檢討，看看最近的做法，和之前有沒有不一樣。是選的類股不一樣嗎？還是成交量有影響？試

著找出原因。

如果檢討完，發現所有進出條件都一樣，但最近就是經常停損出場，那也不必苛責自己——因為很可能是大環境的問題。比方說大盤上漲時，做多就比較好做；反之大盤下跌的時候，即使在反彈段做多，也很容易因上下震盪被洗掉。

我們無法控制環境，如果遇到不好做的時候，也沒有關係，這很正常，畢竟沒有天天在過年的。只要我們堅持對的方法，就禁得起時間的考驗，不好做的時候頂多賺少一點、大不了減少部位或空手，不至於賠很多錢，靜靜等待，終究會等到好做的階段。

很多人會覺得這段時間難做，乾脆買進隔天就跑、不做波段了，當這樣切換之後，可能遇到股票賣完就噴，這時候要馬上回頭做波段嗎？如果變成隔日沖不好做，決定改做波段，結果剛好遇到一大段跌勢，就此被套住，這時候又要馬上回頭做隔日沖嗎？

倘若如此三心二意，反而做不好。

我們不能因為現在這個環境，好像用另一種方式比較容易獲利，就任意改變操作方式，應該從始至終堅持同一套方法。隔日沖有隔日沖的優點，做波段有做波段的優點，無論環境如何，用固定的方法去做自己擅長的事情即可。

這和選擇做長線還是做短線很像，這些選擇無關對錯，只有適不適合自己。千萬不要看到別人用其他方法賺很多，就隨便改變自己的節奏，放棄自己的優點，但學別人的又學不來，最後落得兩頭空。

同一套方法，但結果不同，
可能是環境因素導致，
不必苛求自己。

 如何面對投資錯誤，並從中吸取教訓？

再怎麼厲害的人，一定都有投資錯誤的時候，此時「檢討」很重要，而且要虛心接受市場的變化，認清股票有時就是不好做的事實。

做得不順時，我們可以降低部位，甚至乾脆不要做。千萬不要因為今天賠錢，隔天就想放大部位、多賺一倍回來，這個心態並不正確；真的想放大部位，必須等好做的時候再放大。

此方法可以用來解決另一個問題——多頭時做得很順，但遭遇空頭後卻把之前賺的吐回去，甚至倒賠。

不做股票會手癢的人，要是遇到空頭，一樣可以做，只是要買少一點，比如買個 1 張，用以感受市場波動，即使該部位虧損，也不太會影響整體資金。

這是一個逐漸調整的過程。要是不想降低部位，只要經歷過一次空頭大賠，大多會學到教訓，空頭時不敢再滿倉操作；若是降低部位後，還是賠了很多錢，待下次空頭來臨，自然會選擇空手。

這段空手的時間也不用想得太負面，大可當作放自己一個假，趁機出國玩樂、好好休息。

虛心接受這個市場的變化，
做不順就做少一點，
好做時再放大部位。

每天看盤不無聊嗎？
如何保持長期投資的耐心？

雖然我們操作，就是一直重複同樣的 SOP，執行同樣的步驟，但只要有獲利，自然而然會有耐心；會感到無聊、沒耐心的，大多是經常賠錢、不斷遇到瓶頸的投資人，最後往往選擇離開市場。

如果你練習到能夠穩健獲利，那麼要擔心的其實不是耐心，而是「熱忱」；很多人賺錢賺到最後，不知道有什麼目標，這樣即使財富自由，意義也不大。唯有穩健獲利、且持續從投資獲得成就感，才有辦法一直樂在其中。

耐心建立在有沒有獲利，
有熱忱自然有耐心。

Q23 害怕買不到，甚至焦慮認為
「早知道當初直接追價買進」，怎麼辦？

　　我認為「錯過總比套住好」，只要有按照 SOP 就不用太在意，除非沒有紀律操作、小賺就先跑，那麼就要去檢討為什麼這麼早賣。

　　至於早賣之後繼續噴，要不要追價買進？我會建議等漲勢暫歇再進場，例如等黑飛舞、等量縮不破 5 日線，可能價格會稍微離開原本賣出的價格，但至少符合預期往上走，還是能夠賺到。

　　投資路上，你可能小賠過、少賺過、被套住過……但不要惦記著它曾經對你的傷害，應該更加泰然、理性地面對投資這件事，不要跟股票談戀愛。即使是同一檔股票，但每次進場都是新的機會，不要拘泥在之前買的價格，把握未來的漲勢更重要。

不要跟股票談戀愛，
過去的好買點就只是曾經。

Q24 遇到市場崩盤或者市場過熱，
要如何保持理性來應對？

　　萬一沒有避開市場崩盤，要想在股市獲得逆轉的機會，就要去好好檢視自己在崩盤時為何沒有降低部位；檢視完原因後，務必調適好心情，下

次再遇到崩盤，這次經驗反而會化為下次執行的動力，倒也不是件壞事。

而當市場情緒過熱的時候，腦中要想到「擦鞋童理論」——當不懂投資的擦鞋童都在討論股票，正是股市交易達到最高峰之時，之後就會下跌——當身邊沒在玩股票的親戚、鄰居、同事都在談論股市，反而更應該小心警惕，因為通常會來到短線的高點。

又例如新聞開始喊很多目標價，讓許多不曾買過股票的人好心動，紛紛進場，這種時候也很危險，畢竟更早進場的人不可能都不割韭菜。

若類似狀況遇到不只一、兩次，即可轉換成 SOP，在遇到相同狀況時開始降低部位。雖說這算是一種消息面，既不客觀也無法量化，但它就是一個訊號，可以做為減碼的參考，此外再搭配技術分析，便能更理性面對市場過熱。

越多人討論時越要小心，
有些無法量化的訊號，
也能納入 SOP。

Q25 如何建立並堅持自己的投資紀律？

本書從頭到尾，就貫穿一件事——短線也好，長線也罷，建立適合自己的 SOP，然後不斷經過市場的考驗，變得越來越好。

在建立 SOP 之前，必須先熟悉自己的操作習性，以此去選擇適合

自己的工具，並且設定目標，例如希望一年可以獲利多少。一年過後如果沒有達標，就去反思原因，看看哪裡需要改善，讓 SOP 越來越好，也讓績效慢慢符合自己的預期。

操作期間不必盲從，尤其不要三心二意，看到當沖好做就改做當沖，看到波段賺更多就改做波段，務必堅持自己的方法，無論今天好不好做，市場終會還你一個合理的成績。

當然，也不能因為今年賺得特別多，明年就投入非常多本金，資金增減必須有所依據，也必須循序漸進。比方說今年很難做，照理來說應該減少部位，於是我就減少 10%，明年從 90% 開始做；如果今年做得很順，就可以增加部位，從 100% 提升到 120%。

但很多人都是從 100% 直接提升到 200%，一次增加太多，若是今年變得不好做，就容易把去年的辛苦全都賠回去，儘管今年可能只賠20%，但因為部位翻倍的關係，足以吞掉去年賺的 40%。

簡而言之，你要設定自己的目標，選擇適合自己個性的操作週期，最重要的是找到適合自己的方程式，你在這個市場就會越來越好、越來越穩定，達到財富自由、時間自由。

熟悉自己的操作習性，
建立適合自己的 SOP，
堅持這套方法，
終能財富自由、時間自由。

一樣照 SOP，
新手和老手的差別

教學以來，很多人問我：「莊爸，股票上千檔，你為什麼找得出各式各樣的飆股，而且總是屢創新高？」

從本書開頭看起，就會知道我最初也是個投資小白，經歷過百萬虧損，才下定決心好好研究股票。第 1 章已經大致提過我的心路歷程了，不難發現，我相當注重檢討和回測，累積豐富經驗。

既然都是按照 SOP 操作，那累積經驗有何用處？答案是——**經驗可以讓你的主觀判斷更可靠。**

本來有些地方，按照 SOP 操作應該出場；但經驗告訴你，那個位置還有符合其他條件，高機率是假跌破、跌破之後回頭再漲，即可多觀察一天，有機會再抱到一段獲利。

又有些地方，按照 SOP 可以進加碼單；但經驗告訴你，不只是黑飛舞，穿惡後量縮也可以加碼，而且走勢仍符合上漲條件，可以更放心加碼，有機會在上漲時賺到更多。

分散操作 VS 重押操作

在第 5 章，我們介紹了持股健康度分數，做為持股數量及資金水位的依據：持股健康度分數為正就買進，分數為負就先丟弱卡，直到分數翻正再抽新卡，藉此汰弱換強。

這一樣可以從新手與老手的角度去比較。

假設阿明準備了資金 50 萬，但他因為還是個新手，所以想要多買幾檔來分散風險，於是買進 A、B、C、D、E 這 5 檔股票，每檔大約投入 10 萬元。

5 檔股票中，A、B 都是神之卡，分別上漲了 30% 和 25%，但其他的表現就不太好了，C、D 各賠了 5%、3%，只有 E 小賺 2%，整體獲利 49%，平均獲利 9.8%。

阿美也準備了資金 50 萬元，不過他已經不是股市菜鳥，對於 K 線型態和操作策略都滿熟悉了，所以在比較過 A、B、C、D、E 的 K 線圖後，他判斷 A 很有機會上漲，於是一口氣買了 3 張。

之後 A 果然上漲，阿美就趁著回測 5 日線有守時又加碼了兩次。3 張基本單各賺了 30%，2 張加碼單由於均價略微提高、賺比較少，但也各賺了 20%，整體獲利 130%，平均獲利 26%（見圖表 8-1）。

明明沒有抽新卡，而是舊卡再抽，但靠著把資金集中在績效好的股票，成功提升獲利，這就是新手與老手不同的地方。

新手時期，由於還不太會判斷型態和三角收斂，**我一律建議分散投資**，按照選股結果買進不同的股票，從這個過程慢慢累積實戰經驗。

圖表 8-1　新手與老手的持股狀態

等兩、三個月後，對於各種型態的上漲程度，具備一定程度的判斷能力，就可以稍微集中資金到 2 ～ 3 檔股票。既然關乎個人判斷，便有主觀的成分在裡頭，所以只建議有經驗的老手這樣做。

換句話說，**一開始練習選股跟實戰，需要藉由分散持股來降低風險；到最後想讓財富翻倍，就要學會選股**，看準之後集中火力，用慢慢加碼的方式，專注操作幾檔股票，若所選標的確實噴出，績效自然會勝過資金分散的策略。

你想做出怎樣的操作？

根據經驗和習慣的不同，光是同一個標的，十個人可能就有十種策略。

舉例而言，光聖（6442）在 2024/5/31 突破上漲，飛龍操作會在隔天開盤買進，經歷了 6/12 的破底飛龍，以及 6/13、6/18 的母子飛龍，最後於 6/19 出場。當 6/21 又突破，隔天買進後，這次會在 7/8 因未創高且破低而出場（見圖表 8-2）。

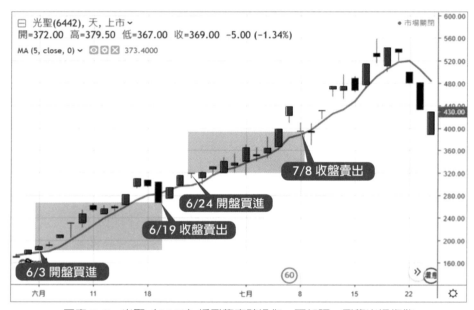

圖表 8-2　光聖（6442）採飛龍突破操作，不加碼，飛龍出場條件

換一個方式——第一筆單有獲利後（沒獲利之前用飛龍邏輯停損），啟動加碼策略，在累積漲幅超過 50% 之前，只要是拉回接近 5 日線的黑 K 就加碼，累積漲幅超過 50% 之後，等待跌破 5 日線出清。

結果如圖表 8-3 所示，6/14 累積漲幅達 50%，前面加碼一次。後續可能會被長黑洗掉，但隔天立刻站回，重新進場後，7/11 累積漲幅達

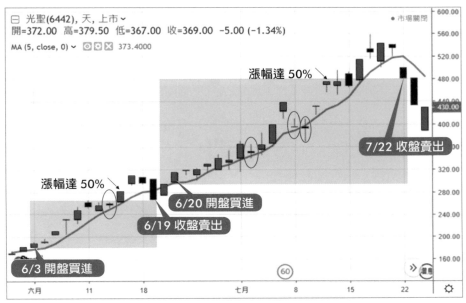

圖表 8-3　光聖（6442）採飛龍突破操作，5 日線黑 K 加碼（圈起處），跌破 5 日線出清

50%，前面經歷三次加碼，最後在 7/22 出清。

　　也可以採穿山惡龍策略，站上 20 日線穿惡買進，破惡就出清。

　　往回看會發現，5 月已經漲過一波，漲幅有達到 30%，只是很快又進入盤整。當 5/30 破惡，隔天立刻穿惡突破、可買進，後續就一路上漲，最後在 7/26 破惡出清（見圖表 8-4）；甚至也可以在跌破 20 日線後，因為收長紅接近 20 日線，所以選擇多觀察一天，繼續等待特殊的進化參數。

　　一樣是加碼，有的人會選擇在出量縮 K 時加碼，也就是看到成交量明顯比前一天少，就趁機加碼（見圖表 8-5）。不過也要注意加碼次數和時機，例如自己設定只能加碼二到三次，同時觀察 20 日線的位置，越來越靠近的話，可能很快就跌破、達出場條件，這時不加碼也無妨。

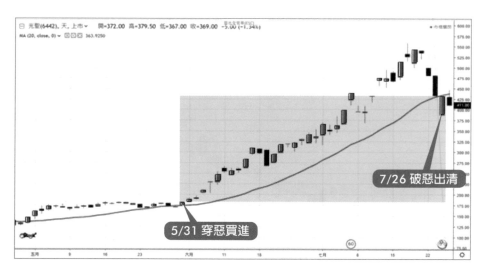

圖表 8-4　光聖（6442）採穿山惡龍操作，不加碼，跌破 20 日線出清

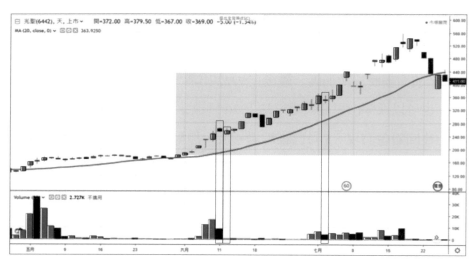

圖表 8-5　光聖（6442）採穿山惡龍操作，量縮加碼（框起處），跌破 20 日線出清

　　主觀判斷除了買進張數、是否加碼以外，還包括是否續抱。例如飛龍操作會出場的長黑（見圖表 8-6 圈起處），若發現均線多頭排列，

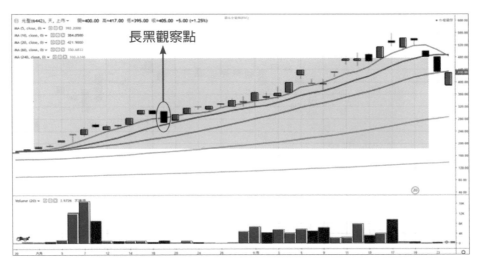

長黑觀察點

圖表 8-6　光聖（6442）採飛龍突破操作，不加碼，改防守 10 日線

且前面區間有守，或是有些人習慣觀察 10 日線，也可以選擇不出場，就剛好可以多抱到後面一大段。

又例如志聖（2467），2024/6/20 飛龍突破隔天買進，後續經歷了 6/25 及 6/28 的破底飛龍，接著漲停噴出，連拉了三根長紅，最後在 7/8 長黑出清；期間一樣可以在回測 5 日線的黑 K 加碼，增加利潤（見圖表 8-7，圈起處加碼）。

若改採穿惡策略，由於 5 月中有先漲過一波，且漲幅超過 30%，後續緩步下跌、破惡，因此 6/20 穿惡站穩就可以進場；同樣是破惡出清，但如果有在量縮 K 適度加碼，就能夠放大獲利（見圖表 8-8，框起處加碼）。

上述例子，換作是你，你會怎麼操作？

既然十個人可能有十種操作方法，那這十種操作方法，也可能都

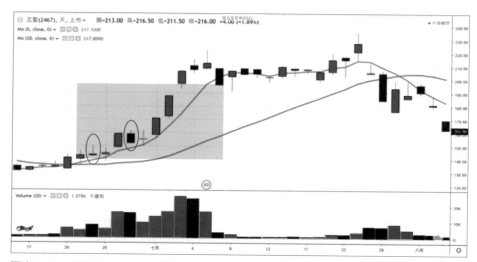

圖表 8-7　志聖（2467）採飛龍突破操作，5 日線黑 K 加碼（圈起處），飛龍方式出場

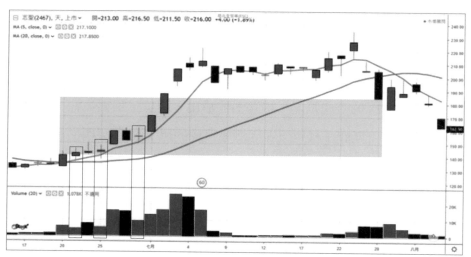

圖表 8-8　志聖（2467）採穿山惡龍操作，量縮加碼（框起處），跌破 20 日線出清

是對的。以上介紹這些不同的判斷技巧，都只是參考，畢竟原本就沒有百分之百不會賠錢的操作方法，重點在於找出適合自己的判斷技巧，

該續抱就續抱，該出場則果斷出場。

大家要去思考，自己的出場方式和想賺的目標，短沖有短沖的靈活，波段有波段的從容，有時候短沖賺得多，有時候波段賺得多，這很正常。

想成為更成熟的投資人，應該要……

不同個性的人，適合不同的策略，不見得要和我提供的方式一模一樣。這也是為什麼，我在書中提供不少彈性空間，鼓勵投資人依照自己的狀況調整參數和操作。

隨著投資次數增加，主觀判斷的要素就增加了，可能自己對於某個型態特別有感、自己特別擅長某種加碼策略、自己特別能夠嚴守某個 SOP……這些抽象的個人經驗都會產生影響。

實際上，主觀判斷能夠參考的具體依據可不少，前面提及的均線，就屬於技術分析的範疇，此外還有 KD 指標、布林通道、標準差等等，本書線圖來源──「HiStock 嗨投資」網站（網址：https://histock.tw），也有很多技術指標供投資人使用（見圖表 8-9）。

既然選擇這麼多，每個人習慣看的多少會不一樣，有些投資人還會參考財報、櫃買指數、美股、話題性、時事消息等等。

但在額外帶入主觀意識之前，務必累積足夠的看盤經驗，且操作具備一定勝率，否則在不熟技巧的狀況下，又加入個人不純熟的判斷，極有可能越做越無所適從。

我認為，「擴大獲利」應該建立在「穩健獲利」之上。

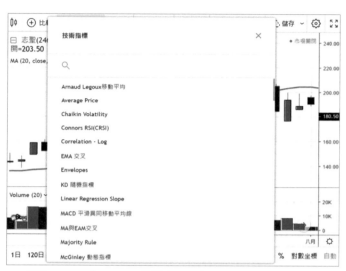

圖表 8-9　「HiStock 嗨投資」網站可使用許多技術指標

　　獲利方程式之所以能成立，在於長期下來，保證大賺小賠，即使是新手，完全跟著系統化操作也能賺；有了這個基礎之後，我們再去思考，遇到什麼條件，怎麼樣進出或加減碼，可以賺得更多、賠得更少。

　　看完本書，就開始思考這個問題吧：「自己想做什麼樣的操作？」期許大家都能進化出專屬於自己的 SOP，成為更成熟的投資人。

想要成功的慾望越強烈，就離成功者越接近。
但是別忘了，
若沒有將意念化為實際的行動，
那麼最終也只是夢一場。

附錄

學員心得

 學員 1
全職媽媽 Rain

....

　　剛進入股市半年左右的我，是股市新手超級韭菜，對技術分析、籌碼分析都一竅不通，一心只想著跟風買股賺錢。不但盲目選股追漲，買進後又沒有耐心抱住，每次只要稍有下跌，虧了就賣，殊不知每天輸一點，不知不覺三四個月後竟賠了幾十萬，不僅本金都虧光，甚至還倒賠。

　　2024 過年前後，朋友都在說「現在正是多頭市場」，再加上有很多新的機器人、AI 等題材成為台股主流，於是再次進場，下定決心要好好地選股，不再重蹈覆轍。大量接觸盤勢分析課程後，我發現自己應該要進一步了解更多技術分析教學及選股教學，幸運的是，我首先就注意到股票莊爸（紫殺）的教學及選股邏輯，但畢竟市場上有好多股市詐騙群組，便抱著忐忑的心加入了免費的討論群組。觀察了一陣子，發現莊爸真的非常有耐心地回答並且分析每一位同學提問的問題及股票，他的耐心及無私真的令我非常印象深刻，於是決定向莊爸報名進階的課程，想要在他身上學到更多股市的操作手法！

　　莊爸的教學很有趣，不僅分析非常準確，而且每個技術分析走勢還另外取了獨家的別名，就像是在打遊戲的魔王，要用哪一種策略來贏得今日的戰場一樣，在股市中找出自己提高勝率的操作；而且莊爸的選股名單有很多不同的操作策略，包括波段、短線及當沖，提供給同學自己去試單，讓學生自己去找出適合的操作方式。除此之外，他還會私下詢問每一個學員想要學習的操作方式，並與學員交流每天操作的狀況，藉此規劃討論出適合自己的投資策略。

　　很感謝幾乎都沒有公休日的莊爸，不僅每日的盤後分析講解清楚，邏輯簡單，新手小白也容易理解；有時甚至還會在週末假日及颱風天時，加開課程或開放學生

提問，對每位同學的問題，他總是非常有耐心地一一回答。每當市場動態出現盤整或大跌時，還會不厭其煩地指導學生轉換心態，包括如何停損，或是在反彈時如何加碼攤平；而在盤勢轉穩即將進入多頭市場之際，他也會提醒大家何時該獲利了結，不拘單，培養面對虧損的正確心態，最終達到由虧轉盈的成果。這些都是股票莊爸從自身多年股市經歷中，總結出的不藏私教學內容！

祝福各位透過莊爸的學習課程，找出自己的獲利模式，早日實現財富自由的夢想！

學員 2
國文李老師

原本只是無意間在 IG 滑到莊爸的頁面，忍不住被裡面的操作邏輯吸引，許多沒見過的名詞讓我充滿學習的好奇心。許多人在加入群組或選擇跟隨投資老師學習時，都會有改不了的慣性——想拿明牌、想跟單。但股市沒有那麼簡單，世上也沒有不勞而獲的事，更沒有百分百勝率的方法，唯有多年的經驗、觀察、歸納統整，才能淬煉出更符合市場的策略。我調整好學習者該有的心態，加入莊爸，並開始研究每個專有名詞背後的策略，這些都是莊爸多年來的投資經驗與心法濃縮而成的精華，名詞與概念淺顯易懂，操作方式攻守得宜，只要多加反覆練習，總能從中收穫滿滿。

當行情來時，可以判斷進場時機與停利時機；當主力準備收割時，也能在最快的時間內擬定停損策略，這才是投資者要學習的「進可攻，退可守」之計。股市沒有永遠的勝者，卻有總能將傷害降到最小的贏家！

在這網路資訊錯綜複雜的新世代，有人願意將多年的操作心法去蕪存菁、深入淺出地集結成冊，是股海學習者的福音。我們不需要再亂衝亂撞滿身傷才換得經驗，而是由專業的引路人照亮眼前的路。在股海載浮載沉數年後，我很感謝自己遇見了莊爸，有了更明確的觀察方向，也有了更穩健的操作策略。願所有認真想學的人，都能找到適合自己的恩師，而本業就是教師的我，真心推薦莊爸的專業、耐心、

敘述模式，能帶領你走進不一樣的台股世界，開啓投資新眼光！

 ## 學員 3
Heidi 莉梅姐

　　我進股市是在疫情時代。有幸搶到航海王這一波，買進後就傻傻等著賺錢，但因為我連 K 線都不懂，當陽明／萬海等股票漲到最高點時，我也不知該賣。後來空頭來臨時，謠傳著獲利會全數吐回，我還不信，最後把這波獲利都賠光，於是我便蓋牌股票帳戶，把自己丟進股海課程堆裡，開始把日盤夜盤當超市。

　　接下來這段時間，我從頭慢慢學，比學生時代更用功專注，好不容易看懂 K 線，卻還有各式各樣的名詞，包括什麼母子懷抱、孤島夜星、群星變盤、一星二陽、內困三紅、大缺回補……技術分析的方法也是五花八門，例如 MACD、MA、RSI……

　　在重新學習的過程中，遇到莊爸是重要的轉折點。我在嗨投資平臺看到莊爸的分享課，看到他分析盤勢和開放提問，我也跟著問了自己手中住套房的宏捷科。對於莊爸的分析，我感到一股定心，當下就買了課程。

　　每天看到莊爸認真帶群，甚至每天 6 點多就開始回答問題、看盤備課、做盤前提醒，深深覺得他是個年輕、熱忱、有耐心且願意分享的老師。

　　第一年我還沒有完全內化他的課程，只想跟單，成績就不是很理想，打單也斷斷續續，毫無章法。第二年經過莊爸耐心的建議和提醒，我把 SOP 當作小抄，一步步練習，終於有所收穫。

　　賠過錢，就會懂得賺到錢的美好，就會懂得把握學習方式的重要性。很開心能找到適合自己的策略，更開心自己遇到了莊爸！

　　最近，莊爸不僅不斷開發新的策略，更花費盤後時間甚至週末連假時間，幫我們加課加點，真的是大無私之人。

　　謝謝莊爸開啓了我的穩定獲利之路，還有一再精進的 SOP，更謝謝我在課堂上認識的這些有愛的小幫手和同學！期許即將耳順之年的我能再創佳績！

金頭腦

找出飆股穩穩賺：臺大工程師的K線交易筆記，從線圖找出
「飛龍訊號」，看穿主力動向，找出下一支大漲股

2024年12月初版　　　　　　　　　　　　　　　　定價：新臺幣450元
2025年1月初版第四刷
有著作權・翻印必究
Printed in Taiwan.

著　　　者	股 票 莊 爸
叢 書 主 編	林　映　華
副 總 編 輯	陳　永　芬
校　　　對	嗨 投 資 小 編 群
內 文 排 版	綠　貝　殼
封 面 設 計	職 日 設 計

出　版　者　聯經出版事業股份有限公司　　編務總監　陳　逸　華
地　　　址　新北市汐止區大同路一段369號1樓　總 編 輯　涂　豐　恩
叢書主編電話　(02)86925588轉5306　　　總 經 理　陳　芝　宇
台北聯經書房　台北市新生南路三段94號　　　社　　長　羅　國　俊
電　　　話　(02)23620308　　　　　　發 行 人　林　載　爵
郵 政 劃 撥 帳 戶 第 0100559-3 號
郵 撥 電 話　(02)23620308
印　刷　者　文聯彩色製版印刷有限公司
總　經　銷　聯合發行股份有限公司
發　行　所　新北市新店區寶橋路235巷6弄6號2樓
電　　　話　(02)29178022

行政院新聞局出版事業登記證局版臺業字第0130號

本書如有缺頁，破損，倒裝請寄回台北聯經書房更換。　　ISBN　978-957-08-7558-4 (平裝)
聯經網址：www.linkingbooks.com.tw
電子信箱：linking@udngroup.com

資料來源：HiStock 嗨投資

國家圖書館出版品預行編目資料

找出飆股穩穩賺：臺大工程師的K線交易筆記，從線圖找出
「飛龍訊號」，看穿主力動向，找出下一支大漲股/股票莊爸著 .
初版 . 新北市 . 聯經 . 2024年12月 . 304面 . 17×23公分（金頭腦）
ISBN　978-957-08-7558-4（平裝）
［2025年1月初版第四刷］

1.CST：股票投資　2.CST：投資技術　3.CST：投資分析

418.918　　　　　　　　　　　　　　　　　　　　　109001617